Knaur

Von Herbjørg Wassmo sind außerdem erschienen:

Gefühlloser Himmel (Band 60157)
Das Haus mit der blinden Glasveranda (Band 60158)
Der stumme Raum (Band 60159)
Der lange Weg (Band 60489)
Sohn des Glücks (Band 65048)
Das Buch Dina (Band 65051)

Über die Autorin:

Herbjørg Wassmo wurde 1942 in Nordnorwegen geboren. Für die Tora-Trilogie erhielt sie 1987 den Literaturpreis des Nordischen Rates, die höchste Auszeichnung der skandinavischen Länder. *Das Buch Dina*, 1989 erschienen, wurde vom norwegischen Buchhändlerverband 1991 zum besten Roman der achtziger Jahre gekürt. Herbjørg Wassmos Werke sind in elf Sprachen übersetzt. Sie gilt als angesehenste und meistgelesene Autorin Norwegens.

Herbjørg Wassmo

Auf der Reise

Vier Erzählungen

Aus dem Norwegischen
von Ingrid Sack

Knaur

Die norwegische Originalausgabe erschien 1995
unter dem Titel *Reiser* bei Gyldendal Norsk Forlag, Oslo

Vollständige Taschenbuchausgabe Juli 1998
Droemersche Verlagsanstalt Th. Knaur Nachf., München

Umschlaggestaltung: Angela Dobrick, Hamburg
Umschlagfoto: David Bayles
Satz: Ventura Publisher im Verlag
Druck und Bindung: Ebner Ulm
Printed in Germany
ISBN 3-426-60658-5

2 4 5 3 1

Inhalt

Die Wohnung

Es war ein Steinhaus. Nach dem Bild in der Zeitung leicht zu finden. Streng, fast monumental in seiner Einfachheit, mit einer Art Wappen an der Ecke.
Die Wohnung lag im ersten Stock. Der Verkehrslärm war sicher recht störend. Andererseits brauchte man nicht viele Treppen zu gehen. Das Haus war mit einem schmalen grauen Bürgersteig an die Straße gekettet, ohne Bäume oder Rasen.

Ich drückte auf den Klingelknopf mit dem Logo der Maklerfirma. Der kleine aufgeklebte Zettel signalisierte Ordnung. Kontrolle. Bis die Sprechanlage knackte und eine gellende Frauenstimme antwortete: »Bitte! Geradeaus und dann rechts!«
Eigentlich hatte ich große Lust umzukehren. Solche Stimmen lösten bei mir ein Unbehagen aus, das nicht immer verschwindet, wenn der Mensch aufhört zu sprechen.
Es konnte stundenlang andauern. Ein Druck. Sogar eine Art schlechtes Gewissen. Als hätte ich eine Tragödie verursacht, ohne es zu wissen. Als gehörte die Stimme einem Wesen an, das ich aufs gröbste vernachlässigt hatte und das versuchte, mir begreiflich zu machen, was für eine Sünde ich begangen hatte.

Eigentlich hätte ich umkehren sollen. Aber ich drückte die Tür auf und ging in die Toreinfahrt.
Ein sehr korrekt gekleidetes Paar kam direkt hinter mir. Ich war auch zweckentsprechend gekleidet. Ohne aufzufallen, natürlich. Es war wichtig, anonymes Vertrauen auszustrahlen.

Sie wollten wohl auch dorthin, dachte ich, hielt ihnen die Tür auf und nickte so freundlich, wie ich konnte.
Die Frau nickte zurück. Zerstreut. Als wäre sie es nicht gewohnt, daß fremde Menschen sie grüßten. Der Mann lächelte, aber nur schemenhaft. Sein Schlips saß ein wenig schief.
Während wir hintereinander die Treppe hinaufgingen, hörte ich sie sagen: »Das Haus ist neunzehnhundertsechzehn gebaut. Glaubst du, daß Stuckrosetten an der Decke sind?«
»Das spielt doch keine Rolle«, antwortete er.
Es lag eine kontrollierte Gereiztheit in der Stimme, die die Frau sicher schon oft gehört hatte, denn sie sagte nichts mehr.
Ich drehte mich nicht um. Trotzdem wußte ich, daß er es schon bereute, sie zum Schweigen gebracht zu haben. Wußte, daß seine Worte eine ganze Reihe unvermeidlicher Strafaktionen ausgelöst hatten, nach denen er sich in den nächsten Stunden richten mußte. Wahrscheinlich war er mit ihr gegangen, ohne wirklich interessiert zu sein. Seine Fußtritte waren ein Protest gegen die ihren. Schönes Treppenhaus. Alte, schön gemusterte Kacheln.

Schmiedeeisernes Geländer und brusthohe Holztäfelung. Nicht frisch renoviert. Aber sichtlich solide.
Die Wohnungstür stand auf.
Der Makler war ein junger Mann, der sie mit Händedruck begrüßte und sie willkommen hieß. Sie werden immer jünger.
Er hatte die typisch nasale, effektive Stimme. Als gurgelte er die Worte bis zu den Mandeln hinunter, um sie dann herauszulassen. Eine angelernte Autorität. Geäußert in starken, abgehackten, aber deutlichen Stößen.
Ich fand es unterhaltsam. Es war natürlich keine Absicht.
Eine kräftige Frau in einem schreiend rosa Kostüm stand in der Diele. Ich begriff sofort, daß sie die Besitzerin war, sowohl der Wohnung als auch der Stimme in der Sprechanlage.
Ihr Lächeln saß in den Augen. Es war zuviel. Es machte es unmöglich, sie nicht zu mögen.
In der Diele, die keine Fenster hatte, brannte ein Feuer im Kamin. Das war ungewöhnlich. Ein Versuch, uns vergessen zu lassen, daß sie eines neuen Anstrichs bedurfte? Andererseits war es immerhin so deutlich, daß man sich davon natürlich nicht verführen lassen durfte.
Das Knistern, die Wärme – wirkten wie ein Überfall. Als sollte ich dafür danken, daß sie speziell für mich geheizt hatten.
Sie konnten nicht wissen, daß ich offenes Feuer in Räumen nicht mochte. Oder gerade deshalb?

Ich stand vor der weißgekalkten Feuerstelle in seiner großen Wohnung. Hob gerade das Schüreisen.
Irgendwo brach eine alte Wunde auf. Oder trockener Schorf? Dann nahm ich mich zusammen, wie man so sagt, und beschloß, das Ganze sei nur ein belichteter Film in einer Schublade. Es sollten keine Bilder davon gemacht werden.
Ich hätte den Film gegen das Licht halten können, um zu prüfen, wie die Abzüge ausgesehen hätten. Gab es einen Grund dafür?

Es war genau drei Jahre her. Am 15. November. Ich hatte einen Braten in den Ofen gestellt und im Kamin Feuer gemacht. Es gemütlich gemacht, oder wie man es nennen soll. Leider weiß ich keine anderen Worte dafür.
Aus der richtigen Perspektive betrachtet, war es eine Banalität. Daß er nach Hause kam mit der uralten Geschichte – von der anderen Frau.
Ihm den Rücken zukehrend, hielt ich seine Worte ein wenig auf Abstand.
Mit Verwunderung sah ich mich selbst von außen. Ich stand tief gebückt vor dem Kamin und nahm ein Holzscheit hoch, das ich in die Flammen legte. Es fing mit einem kräftigen Zischen sofort Feuer.
Aus Erfahrung wußte ich, wie wichtig es für seinen Gerechtigkeitssinn war, daß alle Parteien Zugeständnisse machten. Deshalb beendete ich meine Tätigkeit, drehte mich um und sagte: »Das habe ich schon eine Zeitlang gewußt.«

Wir waren acht Personen in der Wohnung, abgesehen von der Besitzerin und dem jungen Makler. Konzentriert schauten alle auf etwas, das nur sie sahen. Genau wie die Engel auf den Glanzbildern in der Kindheit. Den Blick auf etwas gerichtet, was außerhalb des Bildes lag, was nur Engelaugen sehen konnten.

Ich erinnerte mich an den Gesichtsausdruck und die Hand unter der Pausbacke. Verschiedene Farben von Haaren und Flügelfedern. Einer war ernst, ein anderer lächelte ein wenig liederlich. Aber der Blick war der gleiche. Jeder einzelne richtete den Blick auf etwas, das er mit den anderen nicht teilen wollte.

Jetzt gingen sie mit mir zusammen durch die Zimmer.

Zwei Damen sprachen miteinander über die Wohnung, als ob sie allein wären. Sie waren beinahe uniformiert elegant gekleidet.

Dann war da ein sehr junges Paar. Richtig süß, aber offensichtlich ohne die Mittel, eine so teure Wohnung kaufen zu können. Ihre Hände suchten einander wie in einem wortlosen Gespräch. Es wirkte seltsam beruhigend auf mich.

Ein einzelner Mann in meinem Alter ging blinzelnd herum, als wäre er eine Art Kontrolleur. Er schien wenig Zeit zu haben. Sogar die Haare waren rastlos.

Ich hatte das Gefühl, daß wir seiner Arbeit im Wege standen.

Es war ganz unnötig, denn die Wohnung war 168 Quadratmeter groß.

Das Paar, das ich hereingelassen hatte, war offenkundig

am ernsthaftesten interessiert. Das heißt – sie war es, schon auf der Treppe.

Ich verzog mich ins Eßzimmer. Schwere Eichenmöbel, schwere Gardinen. Große Fenster mit dunklen Rahmen.

Das junge Paar ging dicht nebeneinander um einen enormen Eßtisch. Ich hörte ihn sagen: »Prima für große Feste.«

Ein optimistischer kleiner Bart und helle Haare, die hinten bis zum Jackenkragen reichten, erinnerten mich an irgend jemand. So ging es mir immer.

Vielleicht hatte man sie vorher schon mal getroffen? Sie alle?

Sie hatte eine etwas unreine Haut und fünfzehn Zentimeter lange Ohrgehänge aus farbigen Glasperlen und Metallstückchen. Es klirrte jedesmal, wenn sie den Kopf bewegte, und das tat sie die ganze Zeit.

Ich mußte daran denken, wie zerbrechlich alles ist. Und wie schwindelerregend kurz es dauert.

Die Rosagekleidete hatte zum Glück noch nichts gesagt. Ihre Stimme schmerzte gleichwohl in meinen Schläfen.

»Lag das Parkett von Anfang an da?« fragte die junge Frau. Sie ließ die Glasperlen gewaltig baumeln, und die Rosagekleidete eilte herbei.

»Meine Großmutter liebte den Fußboden«, sagte sie liebenswürdig mit schriller Stimme.

Ich hatte keinen Grund, länger dort stehenzubleiben, deshalb verzog ich mich rückwärts durch eine Tür.

Das junge Paar schaute pflichtschuldigst wieder auf den Boden, dann kamen sie mir in das Wohnzimmer nach.

Die Rosagekleidete blieb allein zurück. Wie in einem Reklamefilm, in dem man den Trick benutzt, etwas lächerlich zu machen, um die Ware hervorzuheben, stand die rosa Gestalt da und pries das solide Parkett an. Und als spürte sie, welche Rolle sie spielte, ohne sie ganz zu verstehen, sagte sie nichts mehr.
Große doppelte Schiebetüren, während mehrerer Generationen immer wieder gestrichen, bildeten den Zugang zu einem Raum mit schweren, fleckigen Textiltapeten.

In seiner Wohnung gab es weinrote Seidentapeten.
Er sagte immer: »Meine Mutter benutzte einen sauberen, fast trockenen Schwamm mit leichtem Essigwasser ...«
Mit der Betonung auf Mutter und trocken. Seine Stimme wurde bei dem letzten Wort immer leiser, wenn er etwas sehr eindringlich sagen wollte. Um das Ganze noch nachdrücklicher zu machen, sah er mir in die Augen.
Ich kümmerte mich also zweiunddreißig Jahre lang um das Andenken an seine Mutter mit einem in leichtes Essigwasser getunkten Schwamm.
Der Geruch belastete mich am meisten. Jedenfalls in der Erinnerung. Selbstverständlich hatte ich während der Arbeit an ganz andere Dinge gedacht.
Zum Beispiel, daß man Jesus einen Essigschwamm hinhielt, als er am Kreuz hing. So etwas konnte mir plötzlich einfallen.
Die Schnörkel in den Akanthusranken hatten etwas an sich. Sie setzten sich im Gehirn fest. Waren noch da. Ich

hatte nichts gegen das Muster. Dafür gab es auch keinen Grund.
Nein, es war das Gefühl, daß jemand in der besten Absicht mir mein Dasein zu stehlen versuchte.
Jetzt, so lange danach, sah ich ein, daß meine Rolle in seiner Wohnung die eines Sachbewahrers oder Konservators gewesen war. Ich bildete mir ein, daß es mir für den Rest meines Lebens anhängen würde.
Wir, die wir dazu ausersehen waren, vor Vernichtung und Zerstörung zu schützen, wurden den Handlungsreflex, der von uns gefordert wurde, nie wieder los. Ebenso wurden wir auch ein inneres Bild von den Dingen, die wir bewahren sollten, nicht mehr los.

Ich hatte es vermieden, die Tapete anzufassen. Nicht weil ich Angst hatte, daß Flecken darauf kämen. Ich wußte, daß ich sie entfernen konnte. Aber es hätte mich jemand sehen können, der mir nicht zutraute, daß ich die Flecken wieder wegbekam.
Natürlich war es eine völlig unnötige Sorge, denn wenn die Haustür morgens hinter ihm zuschlug, war er frühestens um vier Uhr zurück.
In Wirklichkeit hatte ich Lust, mit der Hand über die Tapete zu fahren. Sie war ja in gewisser Weise lebendig. Aus echter Seide. Das Muster hob sich mit gröberen Fäden als Relief vom Untergrund ab, der dicht gewebt und glatt war.
Die Blumenranken reckten sich mir gleichsam entgegen. Als trügen sie ein Geheimnis in sich, das sie nicht verra-

ten durften. Das tiefe Rot umgab mich, ohne daß ich es mit etwas anderem als mit einem in leichtes Essigwasser getauchten Schwamm berühren konnte.
Es schuf eine Art, wie sollte man es nennen – Trauer? Nicht daß die Erinnerung mich für gewöhnlich quälte. Nur wenn ich etwas anderes sah, das die Erinnerung wachrief. Und da war ich meistens selbst schuld. Wie jetzt.

Es gab hier einen Spiegel mit Konsole. Man konnte sich in der unebenen Fläche sehen. Die Konturen waren leicht diffus. Aber das Bild, die Farben und die Gesichter, bekam einen Firnis. Man fühlte sich ohne Grenzen, wie in einer anderen Zeit.
Die Rücken der jungen Leute, die etwas entfernt standen, wurden auch in der Spiegelfläche sichtbar. So waren wir alle drei vereint, auch wenn wir uns nicht kannten.
Eigentlich kannte ich gar keine jungen Menschen. Natürlich grüßte ich diejenigen, die in demselben Haus wohnten. Das ist doch selbstverständlich.
Im Spiegel bekamen wir die gleiche braungoldene Haut. Das war schön. Ich hatte das Gefühl, ich hätte mit ihnen reden können. Sogar über ernste Dinge.
»Wären die anderen mitgekommen, dann hätten wir die Wohnung kaufen können«, sagte er leise.
Die junge Frau machte ihn mit einem Blick darauf aufmerksam, daß ich in der Nähe war und zuhören konnte. Und als erriete der Mann, daß es mich unangenehm berührte, sah er mich an und sagte: »Schöne Wohnung, nicht wahr?«

»Ja, eine sehr schöne Wohnung«, antwortete ich.
Wir nickten uns verständnisvoll zu. Als teilten wir ein Geheimnis miteinander. Die Glasperlen der jungen Frau klirrten freundlich, als sie flüsterte: »Aber sie ist so irre teuer, finden Sie nicht auch?«
»Fürchterlich«, sagte ich aufrichtig.
Wir blieben kurz stehen und lächelten uns an. Aus irgendeinem Grund dachte ich, daß ich sehr viel Sympathie für die beiden empfinden könnte. Wenn ich sie gekannt hätte.

Die zwei Damen kamen aus der Küche gefegt.
Ich hatte bereits begriffen, daß sie sich die Wohnung für eine dritte Person ansahen. Einen Mann, der verhindert war, weil er in Paris wohnte und eine Stellung bei der Botschaft hatte.
Es war für alle klar ersichtlich, daß die Dame mit dem großen schottischen Schal ihn sehr gut kannte. Ja, daß sie eng mit ihm befreundet war.
Die Dame ohne Schal sagte wie zufällig: »In der Botschaft.« Worauf die Dame mit Schal einen langen Satz von sich gab, in dem sie dreimal »bei der Botschaft« betonte. Es ging darum, worauf dieser Freund *bei* der Botschaft in Paris Wert legte in einer Wohnung.
Die Rosagekleidete kroch hinten bei der Anrichte in sich zusammen.
Mit imponierenden, energischen Bewegungen wurde der schottische Schal zurechtgezogen, obwohl er immer wieder herunterglitt. Und jedesmal, wenn die Dame ihn

hochzog, wurde der Wortschwall für einen Augenblick unterbrochen. Da flocht die andere auch einen Kommentar über die Wohnung ein.
Jede dieser Damen repräsentierte für sich ein seltenes Bild von gebildeter Taktlosigkeit.
Ich spürte das Bedürfnis, etwas Abstand zu gewinnen. Das bedeutete, daß ich unfreiwillig wieder durch die Diele gehen mußte. Zu dem Kaminfeuer.

Er stand in seinem schultergepolsterten Maßanzug mitten im Raum und erzählte mir, daß er einer anderen Frau begegnet sei. Er setzte wirklich seine ganze Ehre darein, die Wahrheit zu sagen.
Aber er wollte sich noch nicht scheiden lassen. Es passe gerade nicht wegen der Reise in die USA und der Tatsache, daß er sich mit mehreren Kaufverträgen befassen müsse. Der Markt sei interessant unruhig. Private Affären müßten eben warten. Außerdem sei bald Weihnachten. Aber er wolle eben sagen, wie es stehe, klare Verhältnisse schaffen. Er glaube bei allen Transaktionen des Lebens an die Ehrlichkeit.
Ich vergaß, ihm zu sagen, daß ein Braten im Ofen stand. Das war dumm von mir. Wahrscheinlich würde er nicht glauben, daß es Vergeßlichkeit war, an sich schon schlimm genug. Nein, er würde es als Rache auffassen.
Ich zog mich sorgfältig an. Erst dachte ich an die Hintertür. Aber auf diesem Weg war ich einmal hereingekommen. Er sah es nicht gern, daß die übrigen Hausbewohner

ihn auf dem Weg nach oben mit einer Dame trafen, ehe wir verlobt waren.
Jetzt, nach so vielen Ehejahren, hielt ich es für richtig, das Haus durch den Haupteingang zu verlassen. Auch wenn es spät war.

Die beiden Damen kamen durch die Halle, auf dem Weg nach draußen.
Die Rosagekleidete richtete sich gerade wieder auf, als wir durch die offene Tür hörten: »Ich kann mir nicht vorstellen, daß dies etwas für ihn ist.«
»Nein, Bitten, wirklich nicht.«
Die Rosagekleidete fiel gleichsam wieder in sich zusammen und sah nicht auf, als sie den Stapel mit den fotokopierten Prospekten, der auf dem Tisch lag, zurechtrückte.
Ich fand das Bad und war allein. Rosa und weiß. Das Weiß hatte allerdings mit den Jahren einen gelblichen Ton angenommen. Die Badewanne stand auf Löwenfüßen und hatte tiefe Narben in dem grauweißen Bauch. Ein solider Handgriff war an der Wand festgeschraubt.
Die Großmutter, die ihre Fußböden liebte, hatte wohl Schwierigkeiten gehabt, aus der Wanne zu kommen. Die Rosagekleidete war vielleicht ihre einzige Erbin. Sicher wollte sie lieber Geld haben als diese große, unpraktische Wohnung.
Man stelle sich vor, so viele Dinge zu erben! Von einem Tag auf den anderen. Vielleicht war sie jahrelang mit Essigwasser auf einem sauberen Schwamm herumgelaufen,

um das alles zu bekommen? Oder hatte der Großmutter jeden Tag aus der Badewanne geholfen?
Saubere Handtücher waren hingelegt worden. Eine deutliche Übertreibung. Als würde man zu einem Bad eingeladen.

Der rastlose Mann stand plötzlich in der Tür. Er sah mich, drehte sich um und ging wieder. So deutlich hätte er es nicht zeigen müssen. Das Bad war groß genug für zwei.
Andererseits: Er konnte glauben, daß es mir peinlich war, mit ihm allein im Bad zu sein. Er hatte nichts gesagt, aber die Augen hatten ein wenig geflackert.
Ich lehnte mich leicht gegen die Wand. Spürte wieder diese Müdigkeit. Sie war nicht von der Art, daß es etwas nützte, auszuschlafen. Sie konnte mich morgens überfallen, auch wenn ich die ganze Nacht geschlafen hatte.
Oder sie kam abends angeschlichen und hinderte mich am Einschlafen. Manchmal lag ich mit geschlossener Augen im Bett und sah Ereignisse, von denen ich geglaubt hatte, ich hätte sie vergessen. Erlebte alles immer wieder – zu keinerlei Nutzen.
Am schlimmsten war es, wenn es sich um ganz gleichgültige Dinge handelte. Routinemäßige zum Beispiel. Daß ich mich ständig die vielen Bewegungen wiederholen sah, die ich ausführen mußte, um durch den Tag zu kommen. Wie den Verschluß der Zahncremetube zu nehmen und ihn wieder auf die Tube zu schrauben. Und diese sinnlosen Drehungen der Zahnbürste im Mund.

Wenn ich nicht im Bett lag, war es leichter, sich zusammenzunehmen und da herauszukommen. Aber das hatte zur Folge, daß ich neue, sinnlose Bewegungen machen mußte. Zum Beispiel die Schuhe anziehen, um einen Spaziergang zu machen. Dabei mußte ich auch kontrollieren, ob ich den Wohnungsschlüssel bei mir hatte.

Aber ich mußte nicht immer bis auf die Straße gehen. Der Druck ließ manchmal schon nach, wenn ich hinunter zur ersten Etage kam.

Da lehnte ich mich einen Augenblick an das Geländer, so wie jetzt an die Wand, kehrte wie zufällig um und war wieder auf dem Weg in die dritte Etage.

Hier stand ich und drehte an dem Wasserhahn, während ich an alle Umdrehungen mit der Zahnbürste dachte, deren Zeuge ein so altes Bad gewesen war.

Der Wasserstrahl spülte mich durch eine schwindelnde Zahl von Umdrehungen, Mundhöhlen, Tagen und Jahren.

Er war sehr darauf bedacht gewesen, allein im Bad zu sein. Mochte es nicht, daß ihm jemand beim Zähneputzen zusah. Es war wohl eine gewisse Scham.

Er war ein Einzelkind. Jahrelang hatte es nur ihn und seine Mutter gegeben.

Ich erkannte den muffigen Geruch von hartem Frottee. Auf der Waschmaschine in der Ecke stand ein Wäschetrockner.

Einmal erwähnte ich ihm gegenüber, daß es sehr praktisch sein könnte, einen Trockner anzuschaffen.

Er lehnte es ab. Ich hätte ja nicht einmal Kinder, sagte er und sah mir in die Augen.
Wir sprachen nicht mehr darüber.
Ich drehte den Hahn wieder zu und sagte mir, daß der Mann, der hier herein- und wieder herausmarschiert war, als ob ich eine ansteckende Krankheit hätte, sich in Wirklichkeit sehr dumm aufführte. Richtig dumm! Der Gedanke kam sehr bewußt von meiner Seite. Eine Art Beschluß.

Das eine Schlafzimmer war auch rosa. Überall stand etwas herum. Kleine Engel. Porzellankinder auf der Fensterbank.
Ich fand ausgeräumte Wohnungen besser. Nicht, weil ich wissen wollte, ob die Tapete hinter den Bildern gelb war. Nein, es war das Gefühl, daß die Dinge mich einsperrten.
Wenn ich ein leeres Zimmer betrat, kam es mir vor, als wäre ich den Dingen entwischt. Nackte Räume waren irgendwie schön. Ich fühlte mich frei.
In möblierten Wohnungen hatte jeder kleine Gegenstand seine Geschichte. War eine Trophäe. Anscheinend ungefährlich. Aber oft fand ich mich in den Dingen der anderen quälend wieder. Die eigenen Sachen sah man ja eigentlich nicht. Sie waren einfach da.
An einer fremden Wand indessen konnte ein unschuldiger Gegenstand mir Übelkeit verursachen, weil er einem ähnelte, den ich zu Hause hatte. In einer unerwarteten Umgebung wurde die abgestumpfte Gewohnheit weg-

gerissen, und die Dinge standen so da, wie sie wirklich waren. Als eine Scheußlichkeit.

Nach einer solchen Erkenntnis warf ich das Ding fort oder gab es zum Flohmarkt.

Ein Schwan mit zerbrochenem Flügel stand auf einem Untersetzer aus Spiegelglas. Sofort dachte ich daran, daß ich mich der Glasfigur auf dem Telefontisch entledigen sollte.

Sie stellte einen Vogel von undefinierbarer Art dar und war das Geschenk eines Menschen, den ich seit Jahren nicht mehr gesprochen hatte.

Auf dem Bett lagen eine rosa Tagesdecke und kleine Kissen. Ich hatte schon früher gesehen, wie der Geschmack der Leute sich gewissermaßen vererbte.

Wann war Rosa wohl als tragendes Element in diese Familie gekommen? Vielleicht vor der Jahrhundertwende? Als Rosa wirklich eine zarte, feminine Farbe der Oberschicht war? Ehe es das Symbol für das synthetisch Billige und Vulgäre wurde.

Ich kann versichern, daß ich nicht einen einzigen rosa Gegenstand besitze, dachte ich – und mein Blick fiel auf einen großen Spiegel in vergoldetem Rahmen über dem Toilettentisch.

Es war schon mehrere Monate her, daß ich in der Wohnung mit dem Spiegel an der Decke gestanden hatte. Sie war modern, und es roch nach Pfeifenrauch. Der Verkäufer war ein Mann in den Dreißigern.

Am Ende der Besichtigung war ich noch die einzige.

Plötzlich stand ich vor einem breiten Bett, während er zum Telefon ging, das im Wohnzimmer heftig läutete.
An der Decke sah ich eine fremde Frau mit seltsam starrenden Augen. Ich sah mich selbst in seinem Bettbild.
Auf einmal war auch er im Spiegel. Nackt mit brennender Pfeife. Er blies den Rauch zu mir herunter. Ich mußte mich auf die Bettkante setzen und mit der Hand abstützen.
Als ich wieder hinaufsah, war meine Hand auch im Spiegel. Ich mußte ihn anfassen. Er fühlte sich warm und auf eigenartige Weise fest an. Es war natürlich nicht richtig von mir, aber ich spreizte die Finger. Nur ganz oben auf der Schulter. Ja, und zum Hals hin.
Seine Stimme im Wohnzimmer ließ sich nichts anmerken. Es war selbstverständlich ganz falsch von mir, aber ich streichelte ihn behutsam.
Der Spiegel war ein heimlicher Raum für uns. Ich war außerstande, mich zu erheben. Schloß einfach die Augen.
Als ich hörte, daß er das Telefongespräch beendete, stand ich auf. In der Tür sagte er: »Entschuldigen Sie! Es war jemand, der hatte sich im Datum geirrt und wollte statt dessen morgen kommen.«
Der oberste Knopf seines Hemdes stand auf. Das war natürlich ganz harmlos. Einen Augenblick dachte ich, daß … Aber nein, er mußte die ganze Zeit offen gewesen sein.
Während ich in die Diele hinausging, überfiel mich diese Müdigkeit. Trotzdem bedankte ich mich für die Besichtigung. Klar und deutlich.

Er kam mir nach.
»Sie müssen einen Prospekt mitnehmen, gnädige Frau!« sagte er.
Da fing mein Körper an zu brennen. Ich stand mitten in einem Feuer und fand die Türklinke nicht.
Seine Stimme kam von Decke und Wänden: »Ist Ihnen nicht gut?«
Es war so seltsam ... Plötzlich spürte ich, daß er da war. Mich anfaßte! Mir half, stehen zu bleiben. Mich bis zum Sofa stützte und etwas in einem Glas holte.

Während ich dalag, begannen die Prismen in dem Kronleuchter zu singen. Nicht laut. Aber deutlich. Ein zartes Geräusch.
Er hielt mir das Glas hin. Hatte kurze dunkle Haare auf dem Handrücken.
Ich weiß nicht, ob das Licht mir einen Streich spielte. Vielleicht trug er eine Brille. Denn da war ein merkwürdiger Reflex. Ich sah mich selbst in seinen Augen. Wie in einem Spiegel.
Es ging mir auf, daß er mir sehr nahe sein mußte, damit so etwas möglich war. Mein Körper wurde ganz schwer. Die Arme, die Beine. Jeglicher Wille, mich zur Tür hinauszubewegen, verschwand.
Er begleitete mich von der dritten Etage bis nach unten und erwischte ein Taxi. Ich bedankte mich.
Vielleicht hätte sich alles völlig anders abgespielt, wenn ich es geschafft hätte, sein Gesicht zu sehen, ohne gleichzeitig mein eigenes Spiegelbild zu erkennen.

Der Chauffeur wurde wütend, als ich ihn bat, einen Häuserblock weiter oben in der Straße zu halten. Aber es war eigentlich egal.

Ich dachte daran, daß wütende Männer nicht sehr gefährlich sind, wenn es darauf ankommt. Allen Wutausbrüchen liegt eine gewisse Ängstlichkeit zugrunde.
Außerdem konnte ich es mir nicht leisten, ein Taxi zu nehmen, abgesehen von ganz besonderen Fällen. Der Chauffeur brauchte das natürlich nicht zu wissen.
Ich taumelte hinaus und lehnte mich ein wenig an eine Hauswand. Es gab sie ja überall. Die Hauswände.

Zweiunddreißig Jahre? Ich hätte selbstverständlich erklären sollen, warum ich gerade an dem Abend ging.
Denn er, mit seiner Einstellung, hatte ja nicht die Voraussetzung, es zu verstehen.
Aber es war diese Müdigkeit. Ich war nicht fähig, ihm zu erklären, daß seine Dinge weiterhin an derselben Stelle stehen würden – auch wenn ich ginge.
Er folgte mir in die Diele. Das sah ihm gar nicht ähnlich. Ich fragte, ob es in Ordnung sei, daß ich das Scheckheft für das Konto, das er mir vor langer Zeit eingerichtet hatte, behielte.
Er antwortete nicht. Und als ich ihm die Hand geben wollte, um Lebewohl zu sagen, fing er plötzlich an, mir Beschuldigungen an den Kopf zu werfen.
Merkwürdig. Ich hätte es nicht für möglich gehalten, wenn mir jemand gesagt hätte, daß er mich einmal an-

schreien würde. Sehr laut. Etwas in der Richtung, daß ich überreagierte und hysterisch sei. Daß es für einen erwachsenen Menschen keinen Grund gebe, mitten in der Nacht zu gehen.

Vielleicht kann man sagen, daß seine Reaktion verständlich war, weil er meinte, ich hätte keinen formalen Grund, wie er sagte. Er kannte mich ja als einen ausschließlich vernünftigen Menschen.

Er tat mir leid, weil ich wußte, daß er den Ausbruch bereuen würde, sobald ich gegangen war. Gleichzeitig schien er mir etwas zu geben. Seine Einsamkeit?

Ich konnte mir nicht vorstellen, daß er sie schon früher einmal einem Menschen gegeben hatte.

Eigentlich hätte ich ihm auch etwas geben müssen. Aber da war diese Müdigkeit. Ich brachte es nicht fertig, ihm zu erklären, daß dies die einzige Möglichkeit war, die ich hatte. Zur Vordertür hinauszugehen.

Im Laufe von zehn, zwölf Minuten machte er mir zwei große Geschenke. Er war nicht nur einsam. Er hatte Angst. Angst, allein in seinen eigenen Räumen zu bleiben. Angst, weil ich anders reagierte, als er vorher gebilligt oder bestimmt hatte. Ja, wie er es nicht einmal vorausgesehen hatte.

Er schenkte mir Vertrauen. Ich hatte nicht geglaubt, daß er es vermochte.

Der Fremde im Spiegel indessen hatte mir hinausgeholfen, ohne wütend zu werden. Ohne irgendeine Irritation zu zeigen. Er hatte keinerlei Bedürfnis gehabt, mir seine

Gefühle zu geben, auch wenn er mir physisch ganz nahe war.
Natürlich hätte er mir seine Enttäuschung geben können, als ihm klar wurde, daß ich kein potentieller Käufer mehr war. Aber er tat es nicht.
Mehrmals war ich an diesem Haus wieder vorbeigegangen. Selbstverständlich wohnte er nicht mehr dort. Er hatte ja verkauft.
Mir war es egal. Ich war nur draußen, um frische Luft zu schöpfen. Aber ich konnte den Gedanken nicht verdrängen, daß ich mich nicht mehr an sein Gesicht erinnerte.

Das Paar vom Treppenhaus stand in der Küche, als ich dort hineinging. Ich hatte ihre Existenz eine Weile vergessen und verhielt mich neutral, um sie nicht zu stören. Die Frau öffnete eine Schranktür. Was mich betrifft, gibt es für derlei Grenzen, auch wenn der Schrank selbstverständlich zum Kauf gehörte.
Der Mann stand mitten im Raum, die Hände auf dem Rücken. Die Hände eines Mannes, der es gewohnt ist, mit Papier umzugehen. Oder mit Gedanken. Jetzt begab er sich zum Fenster und schaute hinaus. Immer noch die Hände auf dem Rücken.
»Am Fenster haben wir Platz für Tante Astas alte Schlafbank«, sagte die Frau.
Ohne eine Antwort abzuwarten, bewegte sie sich wie ein kleiner Hund in die Anrichte. Die Stimme paßte nicht zu dem, was sie sagte. Sie hörte sich fast betrübt an.
Während ich ganz in den Raum hineinging, wandte er

sich vom Fenster ab. Die Arme hingen jetzt zu beiden Seiten herunter.

Es war nicht zu vermeiden, daß unsere Augen sich trafen. Er hatte kühne Augen. Das haben sie oft. Männer mit Frauen wie jener in der Anrichte.

Dieses unmerkliche Lächeln – hatte ich es schon vorher gesehen? Ich faßte mir an die Haare. Erst als es zu spät war, merkte ich, daß er es als Verlegenheit deuten konnte.

Natürlich hatte ich das Recht, meine eigenen Haare zu berühren. Ich konnte viele Gründe dafür haben. Gründe, von denen er nichts wußte.

Ich befand mich in einer Situation, in der es mir bewußt war, daß ich mich zusammennehmen mußte. Deshalb ging ich an ihm vorbei zum Fenster.

»Der alte Baum ist schön«, hörte ich ihn ganz deutlich hinter mir sagen.

Redete er mit mir? Mit wem redete er? Ich wollte mich nicht umdrehen, spürte ihn aber direkt hinter meinem Rücken.

Der Baum kam durch die Fensterscheibe herein und klammerte sich an meinen Körper. Es duftete. Gelbe und rote Blätter schwammen mir entgegen. Ich stand ganz ruhig.

Jetzt krochen die Zweige über Decke und Wände. Ein zielstrebiges Rascheln. Als wären sie auf der Jagd nach etwas – Besonderem.

Der Fußboden knackte hinter mir. Plötzlich wußte ich, daß der Baum auch ihn ergriffen hatte. Er war eingeholt worden.

»Was für ein Baum kann das sein, der in einem Hinterhof so hoch wächst?« sagte er wie aus der Tiefe.
»Es scheint eine Ulme zu sein.«
Ich hörte meine besondere Stimme, die ich benutze, wenn ich etwas weiß.
»Wir müssen modernisieren! Brauchen eine neue Küche!«
Die Frau stand in der Türöffnung. Augenblicklich waren alle Zweige abgehackt. Das Fenster zum Hinterhof wurde mit drei Schichten Isolierglas fest geschlossen.
Während ich da stand, bedauerte ich, daß man die Originalfenster ausgewechselt hatte.
Der Mann antwortete nicht. Warum antwortete er nicht? Er hatte doch gerade etwas über den Baum zu mir gesagt. Die Küche interessierte ihn nicht, aber dennoch brauchte er seine Frau, in Gegenwart einer anderen, nicht zu überhören. Ich hätte zu ihm sagen können: »Verzeihung, aber Ihre Frau spricht mit Ihnen.«
Statt dessen setzte ich den einen Fuß ein wenig vor den anderen. So. Jetzt stand ich besser. Dann drehte ich mich um.
Er stand immer noch mit offenen Händen da und betrachtete mich, ihr den Rücken zugekehrt.
Ich konnte unter solchen Umständen einfach nicht mit ihm reden.
Es war Zeit für einen Stellungswechsel. Zum Beispiel aus dem Raum zu gehen.
»Finden Sie, daß der veranschlagte Preis reell ist?« sagte er und machte eine leichte Drehung mit dem Kopf.

Sprach er mit mir? Man sagte nicht Sie zu seiner Frau. Ich zwang mich, seinem Blick zu begegnen.
»Ja, ich glaube«, sagte ich endlich.
Da lächelte er, als würden wir uns schon lange kennen.
»Wir werden sehen, wie hoch die Angebote gehen«, sagte er und verbeugte sich leicht.
In dem Augenblick war es vorüber. Die Frau kam aus der Anrichte. Kurz darauf hörte ich ihre Stimmen aus der Diele. Sie sprachen mit der Rosagekleideten.
Er sagte: »Haben Sie vielen Dank! Vielleicht werden Sie im Laufe des morgigen Tages von uns hören.«

Das Schlafzimmer, das zum Hinterhof lag, war fast leer. Ein paar Kartons waren in einer Ecke aufeinandergestapelt. Eine Kommode mit vier Schubladen stand an der einen Wand.
Am Fenster hingen weiße Gardinen. Zart wie Mull. Von dort sah ich sie aus der Vogelperspektive. Sie gingen unter dem Baum herum und inspizierten den Hinterhof.
Die Frau hatte eine Mütze mit Bommel auf. Von meinem Beobachtungsposten aus glich sie einem Nest, aus dem zierliche, dünne Zweige herausragten. Ein paarmal stachen die Arme auch hervor. Wie Schlangen.
Es war leicht, eine Abneigung gegen sie zu haben. Wenn man den Grund nicht zu nennen brauchte. Deprimierend leicht. Ihre Stimme war ängstlich gewesen. Als bäte sie um Entschuldigung. Ich hatte solche Stimmen schon früher gehört. Stimmen, die mit aller Gewalt das zu verbergen suchen, was man nicht sagen kann.

Er war barhäuptig. Eine leicht grauhaarige, gepflegte Mähne. Die Schultern und der Rücken waren ein wenig gebeugt. Jetzt verbarg ihn der Baum.
Vielleicht würden sie hier einziehen. In diesem Raum schlafen. Bereits am ersten Morgen würde sein nächtlicher Atem vertraulich auf der Fensterscheibe liegen.
Er würde es wissen, wenn er aufwachte. Daß ich hier gestanden und daran gedacht hatte. Er würde sich recken und aufstehen. Wenn er die Gardinen zur Seite zog, würde er es wissen. Daß ich irgendwo zwischen den Zweigen war. Nicht bedrohlich. Nicht so, wie seine Frau es sah. Aber nahe genug. Es würde ihm helfen, sich damit abzufinden. Daß man wohnen mußte.
Ich überlegte, ob er sein Auto irgendwo geparkt hatte oder ob sie mit der Straßenbahn gekommen waren. Merkwürdig, daß ich die selbstverständlichsten Dinge nicht wußte.
Jetzt stand er bei den Mülltonnen. Wieder mit den Händen auf dem Rücken. Das war alles. Ich wußte, daß es alles sein würde.

Ich ging durch die Küche in die Anrichte. Blieb stehen und schaute in die Schränke. Genauso wie seine Frau es gemacht hatte.
Vergilbte, selbstgehäkelte Spitze war an den blau und weiß gestrichenen Schrankbrettern befestigt. Ich betrachtete sie genau, strich mit dem Zeigefinger darüber. Ich weiß nicht, warum ich es tat, ich verfolgte ja kein Ziel damit.

Die Hintertreppe. Oft war ich die einzige, die sich Zeit dafür nahm. Hier konnte man sich ausmalen, welche Menschen das Haus bewohnt hatten.

Ich bekam manchmal Kopfweh davon. Wußte nicht genau, warum. Vielleicht waren es allergische Reaktionen? Staub und Geruch von den Wänden? Aus der Zeit, als die Toilette sich noch im Treppenhaus befand. Jetzt war hier eine Abstellkammer.

Es fiel mir auf, daß die Tür zwischen dem hinteren Gang und der Küche drei solide Schlösser hatte. Die alte Dame, die ihre Fußböden liebte, hatte sich geschützt.

Die Wände im Treppenhaus waren blau. Der Abstellraum war leer, mit einem schwachen Geruch nach altmodischen Skistiefeln oder Pech. In einem Spinngewebe in der hintersten rechten Ecke zitterten ein paar Insekten in dem Luftzug, der von der Tür hereinwehte. Ein kleines Fenster stand wie ein eingesunkenes Auge hoch oben in der Wand.

Und die Stille. Wie ein leiser Lufthauch von Menschen. Die Rosagekleidete hatte sich wahrscheinlich viel Mühe gegeben, die Alte aus der Wohnung zu bekommen. Die vielen Kuchenbüchsen und Koffer. Die vielen Garnknäuel und vergilbtes Schrankpapier. Trotzdem war alles noch da. Die Fußabdrücke der Alten waren noch auf dem staubigen Fußboden zu sehen.

Ich ließ die Türklinke los. Sie hing ein wenig herunter. Altmodisch, mit einem Messingknopf am Ende. Einstmals hatte ich eine solche Klinke an der Tür meines möblierten Zimmers gehabt.

Ich war von zu Hause weggegangen, um Nähen zu lernen. In dieser Stadt weit im Süden. Es war beschlossen worden. Ich wußte nicht recht, ob sie diesen Beschluß gefaßt hatten, weil ich es wollte.
Ich erinnere mich, daß sie davon gesprochen hatten, es sei nach dem Krieg so schwierig gewesen mit den Kleidern. Und daß sie sagten, ich hätte geschickte Hände.
Er ließ seine Anzüge bei dem Schneider anfertigen, bei dem ich in die Lehre kam. Auf diese Weise sah ich von Anfang an die Kehrseite seiner Sachen. Kannte alle Nähte und die verborgenen Knöpfe im Hosenschlitz. Das Futter. Und wußte, wie groß die Polster auf den Schultern sein mußten.
Aber ich schaffte es nicht, die Lehre zu beenden, denn ich tauschte die Türklinke meines Zimmers gegen seine ganze Qualität aus. Pflegte allmählich nicht nur seine Anzüge und seine Einrichtung, sondern seinen gesamten Alltag außer dem Büro. Personalversammlungen, gesellschaftliche Verpflichtungen und Einladungen zum Essen wurden Routine, die ich meisterte, ohne daß er sich beschwerte. Bis die Zeit vorbei war.
Ich sah die alte Türklinke und hörte meinen eigenen Atemzug. Keinen besonders lauten Atem. Gerade genug, um meine Existenz wahrzunehmen.

Vermißte ich seine große Wohnung? Die Dinge?
Er selbst war nicht so, daß er jemandem erlaubte, ihn zu vermissen. Ich sagte mir, daß der Fehler bei derartigen Veränderungen, wie ich sie jetzt heraufbeschworen hatte,

darin lag, daß ich nicht wußte, was ich sonst hätte tun sollen.
Die Menschen sind wahrscheinlich nicht dazu geschaffen. Die Tage in Freiheit zu verbringen.
Es ist nicht richtig, sein eigenes Leben zu bedauern. Außerdem kam er zu einem günstigen Zeitpunkt in meine Jugend. Möglicherweise ein wenig zu früh? Auf der anderen Seite: Man sollte sich ja ein Heim schaffen. Mit allem, was dazugehörte. Das mußte jeder.
Es wäre natürlich von großem Vorteil gewesen, wenn ich einen Beruf gehabt hätte. Aber mit meiner damaligen Einstellung war ein Heim ebenso gut – oder besser.
Vielleicht hatte es etwas mit dem Krieg zu tun? Mutter sprach immer davon, wie froh wir sein könnten, wir Kinder, daß wir nicht während des Krieges jung waren. Wir konnten uns alles anschaffen, was wir brauchten.
Ich wußte nicht so genau, was ich brauchte. Ich glaubte, daß es etwas mit Geborgenheit zu tun hätte. An der Rebellion, oder wie man es nannte, beteiligte ich mich nie. Ich las ja von den Rebellen in den Zeitungen und hörte sie im Radio.
Es lag an ihren Stimmen. Den Worten, die sie benutzten. Der Wut, von der sie besessen waren. Dadurch wurde die Müdigkeit ausgelöst, und sie erinnerte mich an alles, was ich nicht vermochte.
Ich hatte mehr Talent dafür, Dinge zu bewahren, als zu rebellieren. Natürlich konnte man kein allumfassendes Glück erwarten, wenn man sich für ein solches Talent aufopferte.

Andererseits sahen die Aufrührer auch nicht besonders glücklich aus. Falls es nicht ein Glück an sich war, seine Wut vorweisen zu können.
Er sprach sehr verächtlich von solchen Frauen. Ich fand, daß er übertrieb. Wenn wir allein waren, sagte ich zu ihm: »Aber du bist ihnen nie begegnet. Warum berührt es dich denn so?«
Aus irgendeinem Grund mochte er es nicht, daß ich das sagte.
Hätte ich gesagt: Sie sehen nicht glücklich aus – dann hätte ich seine Reaktion verstanden. Falls es eine Reaktion ist, die Zeitung mit einem lauten, andauernden Rascheln aufzuschlagen.
Vielleicht war der Begriff – Glück – wirklichkeitsfern. Er sah zum Beispiel auch nicht besonders glücklich aus. Nicht einmal über diese junge Neue.
Ich hatte sie zusammen gesehen, aus der Entfernung allerdings. Sie kamen die breite Treppe im Park herunter. Ein wenig steif führte er sie, die Hand unter ihrem Ellenbogen, als wäre sie eine alte Dame.
Sie hatte direkt mürrisch ausgesehen. Es verletzte mich in gewisser Weise.
Ich war froh, daß er nicht wußte, daß ich sie sah. Es wäre ihm nicht recht gewesen. Ich war ja quasi Zeuge, daß er von neuem mit Belehrungen beginnen mußte, wie seine Mutter die Tapeten behandelt hatte.
Ich begriff es sofort, als ich sie sah. Denn ich hatte ihn nie verdächtigt, daß er beabsichtigte, die Psyche der jungen Frau zu ergründen. Sozusagen mit ihr bekannt zu wer-

den. Absolut nicht. In dieser Hinsicht war er nie sentimental.

Ich hätte gern gewußt, ob er sich wirklich in der großen Wohnung wohl fühlte oder ob er sich nur damit abfand, weil die Dinge einen Platz brauchten.
Vater tat so, als wohne er nicht gern. Genau wie der Mann in der Ulme? Oder liebte er nur keine Veränderungen? Wenn die Möbel umgestellt wurden. Das Ungewohnte.
Wie ein Blinder, der fürchtet, über Dinge zu stolpern, die plötzlich an einer ganz anderen Stelle stehen, als er es gewohnt ist.
Als Vater ins Altersheim ging, wollte er unbedingt den ganzen »alten Schrott« mitnehmen, über den er gejammert hatte, daß die Mutter das Haus damit fülle.
Oft verhielten sich die Frauen bei Besichtigungen so, wie ich meine Mutter in Erinnerung habe. Mit überzeugendem Blick und kleinen Kommentaren. Wie es werden würde. Gut! Schön! Praktisch! Wohnlich! Billig! Jedenfalls billiger, als man erwarten konnte.
Gemütlich! Mutter besaß das Wort. Sie trug es bei sich in der Handtasche, wenn sie ausging. Zog es mit dem Taschentuch oder dem Portemonnaie heraus.
Sie nahm es nicht mit ins Grab. Ich machte ihr sicher deswegen Vorwürfe. Anfangs versuchte ich vergeblich, Mutters Gemütlichkeit bei ihm einziehen zu lassen.
Aber er wollte sie nicht haben. Er redete von Qualität und Geschmack.

Ich war dazu auserwählt, zu konservieren, zu reinigen, zu beschützen. Nicht, um es gemütlich zu machen. Streng-genommen durfte ich das Wort nicht einmal in seiner Nähe aussprechen. Trotzdem sagte ich es.
Vielleicht lag darin eine Rebellion?
Ich sagte es ja nie, um zu bestätigen, wie ich es empfand. Meist im Gegenteil. Es war eine Art Fetisch für meine Sehnsucht.

Als ich wieder in die Wohnung kam, hörte ich die Rosagekleidete auf dem Balkon. Sie redete mit den beiden jungen Leuten, die drinnen standen und offensichtlich im Begriff waren zu gehen.
»Sollen wir Sie auf dem laufenden halten?« fragte sie. Der Makler war nicht mehr da, deshalb wollte sie wohl selbst …
»Sie ist vielleicht ein bißchen zu groß für uns«, sagte der Mann bedauernd.
Die junge Frau sah sich träumend um, während die Glasperlen tanzten.
Ich überlegte, was passieren würde, wenn ich die Hand ausstreckte, um den Tanz zu beenden. Nur mit dem Finger kurz ihre Wange streifen, um den Ohrschmuck anzuhalten.
So etwas tat man natürlich nicht. Aber ich wünschte um ihretwillen, daß sie ihre Pickel loswerden würde.
Und aus irgendeinem Grund bekam ich Lust, mit ihnen zusammen die Treppe hinunterzugehen.
Ich hätte fragen können, ob sie die Anzeige von der frei-

en Wohnung zwei Häuser weiter oben gesehen hatten. Sie war zweifellos kleiner, aber viel erschwinglicher. Aber sie hatten sie sicher gesehen.

Der Rastlose war noch da. Er fegte vom Balkon herein und starrte auf etwas über meinem Kopf, als wir aneinander vorbeigingen.
Die meisten Menschen sind nur dazu aufgelegt, aneinander vorbeizugehen, dachte ich und hörte die Wohnungstür hinter ihm zuschlagen, ohne daß er auf Wiedersehen gesagt hatte.

Der Balkon war ganz in Ordnung. Ich hatte ihn von der Straße aus gesehen. Ein leerer weißer Blumenkasten hing noch an dem schmiedeeisernen Geländer. Ein paar Blumenleichen in einem Plastiktopf. Winzig kleine, vertrocknete Tannennadeln von einem Weihnachtsbaum, der längst entfernt worden war.
Ich beugte mich vor und sah auf die Straße. Eine verschwommene Leere kroch näher. Der Anblick von fahrenden Autos wirkte immer trostlos auf mich. Es lag so wenig Zukunft darin.
Ich wußte ja, daß sie irgendein Ziel hatten. Daß möglicherweise jemand darauf wartete, daß sie parkten. Die Balkontür war reif für eine Renovierung. Der Verkehr! Solche negativen Details wirkten immer beruhigend. Besonders gegen Ende der Besichtigung. Es war zum Glück immer ein Haken bei den Wohnungen. Ein plötzliches Geräusch. Ein Geruch. Fäulnis. Rostflecke. Ein unan-

genehmer Eindruck von Verfall, den loszuwerden man nicht die Mühe auf sich nehmen mochte.

Oder nur dieser kühle Widerstand. Eine eingebaute Warnung: Dies ist nicht dein Ort.

Es war kalt. November. Ich warf einen Blick auf die Straße. Dort ging der Rastlose, die Mantelschöße wie Segel im Wind hinter sich herziehend.

Manchmal, wenn ich diese Müdigkeit nicht fühlte, glaubte ich, daß ich es einfach tun sollte. Mit ihnen reden. Jemanden treffen. Mich zu erkennen geben, um es so auszudrücken.

Aber es kam nie soweit. Ich wußte, wann der Zeitpunkt des Aufbruchs gekommen war. Eine Art klamme Unruhe. Der Rastlose schwenkte unten auf der Straße plötzlich nach links. Dann war er verschwunden.

Der Himmel war trübe. Eine tiefstehende Sonne versuchte, die Dächer der Häuser für einen Augenblick zu verschönern. Dann glitt sie hinter eine Wolkenbank.

Die nächste Wohnung lag in einer Seitenstraße, nur drei Häuserblocks weiter. Ich könnte dorthin gehen. Wußte genau, wie das Haus aussah. Schöne Bäume zur Straße hin.

Ich hatte viel Zeit. Noch eine Stunde bis zur Besichtigung. Ich schwamm in einer gewissen Erwartung. Oder wie sollte man es nennen? Es hielt die Müdigkeit auf Abstand.

In unbekannten Räumen ein- und auszugehen, empfinde ich wie – Siege?

Das Feuer im Kamin brannte noch immer.

Natürlich hätte ich ein oder zwei Tage warten können. Eine Woche? Jahre? Ich hätte es wohl getan, wenn er nicht vor dem Kamin gestanden und das von der Ehre und der Wahrheit gesagt hätte.
Man stelle sich vor! Während ich meinen Mantel anzog, rief er mehrmals meinen Namen. Er sah mich!
Von allem, was geschehen konnte, hatte ich das nicht erwartet. Es war ein Augenblick, den ich immer in Erinnerung behalten werde.

Als ich das Haus verließ, fing es an zu schneien.
Ich hob das Gesicht, um zu spüren, wie die Schneeflocken auf der Haut schmolzen. Das Licht umfing sie, solange sie schwebten. Es wirkte so leicht, sich auf diese Weise zu bewegen.

Die Brücke

I

Papa ist ein Baum. Seine Wurzeln sind in Karelien. Ganz fest verwachsen. Einige sind so. Es ist nichts Schlechtes dabei. Auch nichts Gutes.

Als Mama starb, fuhr ich in ihre Heimat. Oder wie Papa sagte: Trieb rund um einen Stein im Eismeer und aß Fisch.

Eigentlich lief ich von zu Hause weg. Um erwachsen zu werden, wie es heißt. Oder um Mamas Traum vom Meer zu erfüllen?

So dachte ich nicht. Damals nicht. Papa heiratete einen Drachen, und Antti fuhr zu Verwandten nach Amerika. Das war Grund genug.

Ich war achtzehn und wollte zur Bühne. Ein Star werden! Ich meinte das wirklich. Ein großer Star. Ich glaubte daran, deshalb brauchte ich mir keinen anderen Beruf zu überlegen.

Ich hatte die Rechnung ohne die Sprache gemacht. In Mamas Familie verstanden sie mich. Ich fluchte ganz gut auf Norwegisch. Und ich sang im Jugendhaus. Pfui Teufel, wie ich sang.

Aber es reichte nicht. Ich bestand die Aufnahmeprüfung der Schauspielschule nicht. Und eines Sommers fand mich Odd auf einer Fähre zwischen zwei Inseln.

Vor langer Zeit sagte ich zu Vera: »Es gibt zwei Gründe

dafür, daß Odd und ich geheiratet haben. Der eine bist du, und der andere ist Vivi.«
Vera wurde wütend, knallte die Tür zu und ging. So war sie immer. Man merkt es sofort, wenn sie böse ist. Gibt sie sich unbeteiligt, ist es auch nicht mißzuverstehen. Lächelt sie, ist es beinahe unheimlich.
Aber sie ist nicht unglücklicher als Vivi, die dauernd lächelt. Das jedenfalls habe ich über meine Töchter gelernt.

Die Nächte werden immer länger. Mitunter versuche ich, die Gedanken zu steuern, damit es nicht so leer wird.
Jetzt kommt das Tageslicht. Die Gardine hängt schief. Der äußerste Haken der Befestigung ist kaputt. Das ist schon wochenlang so.
Anfangs habe ich eine Bemerkung gemacht.
»Die Gardine fällt fast herunter«, habe ich gesagt.
Jetzt habe ich es aufgegeben. Sie rennen ja wie verrückt hin und her. Die Engel.
Es tut weh, das Licht zu sehen. Nein, es tut nicht wirklich weh. Es ist die Verzweiflung! Die Demütigung. Am Tag sind alle so verdammt lebendig. Nur ich nicht.

Odd ist hier gewesen. Ist einfach aufgetaucht. Ich hatte keine Wahl. Ich liege ja hier.
Seltsam. Ich hatte vergessen, wie verdammt ehrlich sein Blick ist.
Sogar nachdem er ausgezogen war, glaubte ich an das, was er sagte. Niemand lügt so ehrlich wie Odd.

Er erzählte mir immer, was ich alles fühlte oder glaubte. Es wirkte.
In gewisser Weise schaffte er es diesmal auch, obwohl ich versuchte, es abzuwehren.
»Nein, das kann ich nicht«, sagte ich.
»Onkel Villy und Eva sind doch deine nächsten Verwandten, und sie möchten dich so gerne sehen.«
»Tante Eva ist keine besondere Verwandtschaft. Und bei mir ist nicht viel zu sehen. Ich kann mich noch selbst waschen.«
Ich gab doch nach. Daß ich ihn nicht bat, auf den Blocksberg zu reiten!
Ich meine, ich bin über vierzig Jahre auf Erden gewandelt, ohne daß sie sonderlich interessiert an mir waren, und plötzlich, weil ich aus dem Personenstandregister gestrichen werden soll, wollen sie mich besuchen! Im letzten Moment soll ich sie wie ein Geschenk empfangen.
Und Odd? Warum kam er? Weil er sowieso in der Gegend war, wie er immer sagte?
Er sah so abgespannt aus. Das besserte meine Stimmung erheblich. »Ich kann ihnen ja gutes Wetter für die Beerdigung wünschen!«

Odd hat meine Ausdrucksweise nie ertragen. Sie macht ihn beklommen. Er sagte immer, daß es meine schwarze finnische Wesensart sei. Es muß zehn Jahre her sein, daß er es zuletzt gesagt hat. Zehn Jahre? Nur das Geräusch eines Augenblicks.

»Du weißt, daß ich sterben werde? Bist du deshalb gekommen?«
Er zuckte zusammen, als hätte ich ihn geohrfeigt. Ich erwartete, daß er sagen würde: Du wirst nicht sterben, meine Liebe.
Aber er sagte nichts, sah nur zum Fenster hinaus.
Wir müssen alle sterben, es ist nur eine Frage der Zeit, hätte ich sagen können.
Statt dessen sagte ich: »Schön, daß du gekommen bist, Odd.«
»Vivi kommt auch in den nächsten Tagen«, sagte er.
»Ja. Es ist eine lange und teure Reise für sie. Sie verdient ja nicht viel.«
Ich hätte hinzufügen können, daß er ihr Geld für die Reise beisteuern müßte. Aber ich vermag solche Aufgaben nicht mehr auf mich zu nehmen.
»Für Vera, die hier in der Stadt wohnt, ist es leichter«, sagte er.
»Der Tod ist nicht leicht, auch wenn du anwesend bist ...«
Er sah auf einen Punkt an der Wand. Dann räusperte er sich. Er tat mir leid. Aber am meisten beneidete ich ihn. Nicht um die Beerdigung mit allem Drum und Dran, dem er sich noch stellen muß. Ich bin froh, daß ich dem entgehe. Bin mit so etwas nie besonders tüchtig gewesen. Es ist wenig wahrscheinlich, daß ich bei meiner eigenen Beerdigung gut zurechtkommen würde. Aber man kann ja nie wissen.
Das ist jetzt nicht das Problem.

Glaubst du, daß mich jemand vermissen wird? hätte ich fragen können.

Statt dessen sagte ich: »War deine Frau dagegen, daß du hierher geflogen bist, um mich zu besuchen?«

Er studierte seine Hände.

»Nein«, sagte er und sah mich mit seinem ehrlichen Blick schnell an.

Vivi hat gesagt, daß Odds neue Frau prima ist. Vera nennt sie eine Hure. Klar, daß ich das lieber höre.

Trotzdem korrigierte ich sie.

»Fällt es dir schwer, hier zu sein, Odd?«

»Ja.«

Die Antwort überraschte mich.

Er hatte eine zu enge Jacke an. Ein loser Faden hing am Ärmel herunter. Legte sich auf sein Handgelenk und reizte mich die ganze Zeit.

»Du brauchst mich nicht zu schonen. Sprich nur über das, worüber du sprechen möchtest. Es kann allerdings passieren, daß ich anfange zu weinen. Aber das tue ich auch, wenn niemand hier ist.«

»Es gibt so vieles, was ich gerne sagen möchte«, begann er.

Ich versuchte, die Augen offenzuhalten.

»Bist du noch traurig, weil es so kam, wie es kam … Zwischen uns?« fuhr er fort.

Zum Teufel, wie überrascht ich war. Hatte wirklich geglaubt, er würde anfangen, sich über meine Schmerzen auszulassen oder von seinem Job zu erzählen.

»Nein«, sagte ich so freundlich wie möglich mit offenen Augen.
Er nickte. Dreimal. Wenn er mich endlich ansehen würde, dachte ich. Da tat er es, sah mich an und sagte: »Ich bin es!«
Von allen Dingen, die er hätte sagen können, sagte er gerade dies!

Ich spürte einen starken Brechreiz. Streckte die Hand nach der Schale auf dem Nachttisch aus, bekam sie zu fassen und versuchte idiotischerweise zu verbergen, daß ich mich übergab. Erbärmlich.
Als ich fertig war und mich mit einer Papierserviette abgewischt hatte, ging er mit meinem Elend hinaus und kam mit einer sauberen Schale wieder.
»Ich wollte es nicht noch schlimmer für dich machen«, sagte er.
»Ab und zu bekomme ich solche Anfälle. Sie drohen mir, mich künstlich zu ernähren. Das ist eine Strapaze mit Stativ und Kanüle und dem ganzen Kram«, sagte ich und versuchte zu lächeln.
Es war betrüblich. Zum Teufel noch mal, wie blaß er war!
»Was du vorhin gesagt hast, Odd, das hast du doch nur gesagt, weil ich jetzt hier so jämmerlich liege.«
»Nein, ich habe schon lange daran gedacht. Ich ...« Er setzte sich und verbarg den Kopf in den Händen. »Ich mußte es dir einfach sagen.«
Genau, er wollte seine Seele erleichtern, bevor er mich ins Nichts schickte.

»Es ist gut, daß nicht auch du bereust«, fuhr er fort, »das wäre verdammt schlimm.«
»Nun, viel schlimmer kann es doch nicht werden.«
Ich lächelte. Es fiel mir plötzlich ein, daß Odd eine Lebensversicherung abgeschlossen hatte. Für uns beide. Wer überlebte, sollte sie bekommen.
Als er auszog, bat er mich, auf meinen Teil zu verzichten. Er hatte das Geld doch eingezahlt. Stolz und verärgert unterschrieb ich.
Armer Odd. Jetzt drehst du doch noch durch, dachte ich. Er kann keine große Hoffnung haben, diese Neue zu beerben. Sie ist gesund und munter. Und wandert.

Er nahm meine Hand. Etwas zögernd.
»Wenn ich zurückdenke …«, fing er an. »Wenn ich daran denke, wir hatten es doch schön, du und ich und die Mädchen.«
Ich hatte Lust, ihn zu schlagen. Aber ich war zu müde.
»Das meinen die Mädchen auch«, sagte er eifrig.
Er hatte es ihnen also auch gesagt. Zuerst.
»Will sie dich nicht mehr haben?«
»Was? Nein, das ist es nicht.«
»Was ist denn los?«
Er sah mich hilflos an.
»Wir hätten es ernsthafter versuchen müssen, du und ich. Dann hätte es halten können«, sagte er.
»Ich habe es viele Jahre versucht.«
»Wenn du es so siehst, dann … Wir hätten es vielleicht zusammen versuchen sollen, nicht nur jeder für sich.

Aber ich habe mich wohl nicht danach benommen ... Ich weiß es ja. Ich wollte dir nur sagen, daß es mir leid tut.«

Seine Haare fingen an, sich zu lichten. Bügelte seine Hemden sicher selbst. In gewisser Weise ist er mein erstes Kind.

»Es kam vor, daß ich euch mit dem Brotmesser zerstückelte, wenn du nachts nicht nach Hause kamst. Der Haß war so stark, daß ich überzeugt war, es würde am nächsten Tag in der Zeitung stehen. Daß sie die andere gefunden hatten, zerstückelt und in einem großen Karton für hundert Kartoffelchipsbeutel verpackt.«

Er war sichtlich erschrocken. Es war befreiend.

»Jetzt hat es keinen Sinn, die Zeit für derartiges zu verwenden«, fügte ich hinzu.

Ich sah etwas Merkwürdiges in seinem Gesicht. Bewunderung?

Vielleicht verliert die Welt doch noch einen großen Schauspieler an mir? Oder einen Clown?

»Ich habe nicht begriffen, daß du es so schwer nahmst. Du wirktest so obenauf«, sagte er.

Ich hätte ihn fragen können, wann er es begriffen hatte. Aber es spielte keine Rolle mehr. Ich wünschte mir nicht Odd. Sondern das Leben.

»Vielleicht versteht man nur das, was man zu ertragen vermag«, sagte ich.

Er nickte.

Der Raum um uns wurde leer. Ich dachte, es wäre das Beste für uns beide, wenn er ginge. Einen Augenblick glaub-

te ich, daß er für seine Untreue um Verzeihung bitten würde. Nur um es getan zu haben.
Aber er redete vom Wetter. Der Sommer war miserabel gewesen. Er war kaum ins Gebirge gekommen.
»Nein, ich muß mich jetzt aufmachen. Das Flugzeug ...«, sagte er.
Ich brauchte seinen Gesichtsausdruck nicht zu sehen, als er draußen auf das Taxi wartete. Traurige Augen? Aber erleichtert. Ach, er mußte sich so erleichtert fühlen.
Ich habe ja ständig auf die Katastrophe gewartet. Deshalb kann man wohl sagen, daß ich vorbereitet war. In dieser Hinsicht ist es gerecht, daß es mich trifft.
Trotzdem liege ich hier und heule. Denke an das, was er gesagt hat. Ich habe ihn zuletzt natürlich getröstet. Nicht seinetwegen, sondern um meinetwillen.
Er beugte sich herunter und umarmte mich, bevor er ging.
Nachher schaute ich auf die Delle in dem Stuhlsitz. Gepolstertes Skai. Langsam wurde der Bezug wieder glatt. Als hätte niemand dort gesessen.

Ich stelle mir vor, wie sie um das Loch in der Erde stehen, verdammt erleichtert, daß es endlich vorüber ist. Das Ritual hat sich ordnungsgemäß vollzogen. Tante Eva seufzt und sagt: »Dank, o Herr, für die reiche Stunde, die du uns geschenkt hast.«
Wem gilt sie? Die Trauer. Den Lebenden? Es kann egal sein. Es ist ja nicht mein Tag. Auch wenn er das eigentlich doch ist.

Die Lebenden entscheiden, wovon man viel Aufhebens machen darf. Seltsam. Denn die Lebenden wissen weniger als nichts. Sie können sich etwas einbilden, sie können glauben, hoffen. Aber sie wissen nichts.
Gibt es noch mehr? Will ich, daß es noch mehr gibt? Klammere ich mich daran?
Wollen die Leute deshalb einen Pfarrer haben? Nicht wegen der Vergebung, sondern damit er die Geschichte erzählt, daß es noch mehr gibt?
Bald bin ich an der Reihe, es zu wissen. Ich sollte jetzt die Ruhe haben. Dem zu begegnen.

»Ich schaffe diese Hänge nicht. Ich schaffe Abhänge nicht. Setz dich hierhin. Nein, nimm nicht alle Menschen mit dir hierher! Es ist alles vorüber, du kannst alleine kommen. Ich bin so verloren. Man geizt mit seinen Gefühlen, wenn man verloren ist.«
Es ist immer verdammt kalt bei Beerdigungen. Trotzdem beneide ich sie. Um die kleine, idiotische Bewegung, mit der sie das Taschentuch zum Auge heben. Die Erleichterung hinterher, wenn sie ins Haus gekommen sind. Die Wärme der Kaffeetasse.
Gott ... hilf mir!

Ich habe nichts gegen Onkel Villy. Er war nett, als ich klein war. Schimpfte nicht.
Als Mama beerdigt werden sollte, kamen er und Tante Eva nach Karelien. Ich erinnere mich übrigens, daß er etwas zu mir sagte, als ich ihm Kaffee einschenkte:

»Sie hat schwer kämpfen müssen, hier zwischen all den Fichten.«

Es war eigenartig, daß er, der nie etwas sagte, plötzlich einen Gedanken aussprach, den ich gedacht hatte, ohne es zu wissen.

Ich kann mich nicht erinnern, daß er noch mehr zu mir gesagt hat. Aber es ist sicher genug.

Tante Eva war beleidigt, weil wir keinen Pfarrer für Mama geholt hatten. Sie schwatzte von der letzten Vergebung. Es war mir nie in den Sinn gekommen, daß Mama von irgendeinem Menschen Vergebung brauchte. Wir anderen brauchten sie. Zumindest Tante Eva. Für ihre muffige Frömmelei.

Als wir einmal nach fünf Jahren wieder in Norwegen waren, wurde sie sauer, weil Mama einen ganzen Tag am Strand saß und aufs Meer schaute.

Sie schien Mama etwas vorzuwerfen, wenn sie sich über Onkel Villy beklagte. Das fing immer so an: »Dein Bruder ...«

Tante Eva braucht Vergebung, verdammt noch mal!

Ich frage mich, warum ich hier liege und jetzt daran denke. Um mir selbst zu entfliehen?

Der Onkel hatte recht, daß Mama von all den Fichten krank wurde. Sie bat Papa oft inständig, nach Norwegen zu ziehen.

Wie, zum Teufel, kann ein Inlandsfinne mit karelischem Blut so etwas begreifen?

Sie war oft krank. Wir gewöhnten uns daran. Aber als

ich klein war, hatte ich Angst, daß sie früh sterben und mich zurücklassen würde.
Kinder sind vielleicht klüger.

II

Vivi ist gerade gegangen. Ich übe mich bereits darin, was ich sagen soll, wenn sie wiederkommt. Was ich fragen soll.
Klare Gedanken kann ich nicht lange fassen. Es liegt an der Pumpe, an die sie mich gekoppelt haben. Sie macht es leichter. Es auszuhalten. Aber dem Gedanken ist nicht zu trauen.

Ich weiß nicht, was ich empfand, als sie in der Tür stand. Mußte ihr einfach helfen, da durchzukommen. Sie hatten sie gewiß nicht darauf vorbereitet, welcher Anblick sie erwartete.
Sie wird drei Tage bleiben und bei Vera wohnen. Es ist klar, daß sie dem Ganzen am liebsten entgehen möchte.
»Es wird eng für euch werden in der kleinen Studentenbude«, sagte ich.
»Es geht sehr gut«, sagte sie.
Sie hatte ein rotes Kleid unter dem Mantel an. Ich hätte ihr sagen können, daß sie den Mantel ausziehen solle, damit ich das Kleid richtig sehen könne. Aber ich hatte eine dunkle Ahnung, daß es sie kränken würde.

Vielleicht zieht sie ihn morgen aus, wenn sie besser vorbereitet ist.

Wir sagten nicht viel. Natürlich fragte ich sie, ob sie den Job im Büro mochte. Sie bejahte es.
Das Gesicht war so blaß. Ich dachte, ich durfte ihr nicht sagen, daß sie blaß war.
Sie erzählte von Onkel Villy und den anderen. Sollte mich vielmals grüßen. Von Odds Schwester Henriette auch. Ich dankte.
Dann zog sich das Ganze in die Länge. Da fing ich aus reiner Ohnmacht an zu kichern. Das hatte gerade noch gefehlt. Sie fing auch an zu kichern. Oder zu weinen.
Wir kicherten und weinten zusammen.
»Mein Mädchen«, sagte ich und wollte sie streicheln. Aber ich reichte nicht bis zu ihr hin, deshalb sagte ich: »Komm ein bißchen näher.«
Das tat sie.

Einer von den Engeln kam herein und fragte Vivi, ob sie Kaffee, Tee oder sonst etwas haben wolle. Es stehe auf einem Tisch im Flur. Sie holte sich eine Tasse Tee.
Das half ein bißchen. Sie trank in kleinen, konzentrierten Schlucken. Danach benutzte sie meine Toilette.
Als sie zurückkam, erzählte sie schnell, daß meine Pflanzen gut gediehen und im Haus auch alles in Ordnung sei.
Während ich dalag und sie ansah, erinnerte ich mich an den Nachmittag, als Mama starb.

Es war alles so seltsam. Die Leute zogen sich die Schuhe an und gingen zur Tür hinaus und die Straße entlang, als wäre nichts geschehen. Nach einer Weile kamen sie zurück und fragten, was wir essen würden. Im Radio sagte ein Mann den Wetterbericht. Dann spielten sie einen Tango.
Und später, als ich mit einem Auftrag weggeschickt wurde: ein Strom von Menschen, die einfach vorbeigingen. Sie blieben nicht stehen. Dachten gar nicht daran. Sie wußten es nicht! Daß Mama tot war.
Ich hatte solche Lust, es Vivi zu erzählen, brachte es aber nicht fertig.
»Hast du die neuen Gardinen zu Hause im Schlafzimmer bemerkt?«
»Ja, es war ... sie sind schön.«
»Cremegelb mit gelbem und blauem Stroh.«
»Es ist doch grün, Mama.«
»Ach ja ... Willst du sie haben?«
Sie schlug die Augen nieder und nickte.
»Unglaublich, daß ich mich nicht erinnern kann, ob die Strohhalme blau oder grün waren. Es ist erst fünf Monate her. Aber es war Frühling damals.«
Eigentlich wollte ich erzählen, daß ich noch davon träumte, in meinem Zimmer zu schlafen. In dem Haus mit dem kaputten Schornstein. Aber da hätte sie wieder angefangen zu heulen.
Ich hatte große Mengen von dem Stoff gekauft. Wollte den Raum schön zurechtmachen zum Schlafen. Ich schlief so schlecht. Und noch wußte ich nicht, daß ich

hier enden würde und ungefähr ebensogut schlafen wie eine Nachtwache.
Ich hätte es wohl sagen sollen. Aber sie ist so zart.
Bevor sie ging, hatten ihre Wangen Farbe bekommen.

In der ersten Nacht im Krankenhaus hatte ich keinerlei Schmerzen. Mir war nicht einmal übel. Ich war nur einsam und ängstlich. Niemand läßt gerne an sich herumschneiden.
»Wir müssen einen Eingriff machen, um herauszufinden, ob es bösartig ist«, hatten sie gesagt und wollten, daß ich ihnen die Einwilligung gab, alles zu entfernen, was da drinnen defekt war. Das eine oder andere.
»Nein«, sagte ich.
Ich merkte an den Gesichtern, daß es unmoralisch war, zu dem Notwendigen nein zu sagen. Ich konnte auf die falsche Seite der Statistik kommen. Die den Tod auf Grund schlechten Willens zur Zusammenarbeit feststellt.
Nachts hatte ich einen Traum. Ich war eines der Mädchen auf der Brücke in Munchs Gemälde. Die anderen Mädchen redeten Norwegisch miteinander. Ich verstand nichts. Fühlte mich ganz fremd.
Ich war nur ein zufälliger Pinselstrich, den der Künstler aus Versehen dorthin gesetzt hatte. Paßte nicht ins Bild. Plötzlich hob der Maler die Hand, um mich wegzuwischen. Ich bekam solche Angst. Rief, daß ich Norwegisch lernen würde. Aber niemand hörte.
Die Hand mit dem Pinsel hatte weder Körper noch Kopf. Trotzdem war sie Herr über die Tilgung.

Die Abteilung, in der ich damals lag, war im Sommer eigentlich geschlossen. Sie hatten die Gardinen abgenommen, um sie zu waschen. Durch das Fenster sah ich einen Hang mit Bäumen, so daß ich die Gardinen nicht vermißte.

Aber in der Nacht, als ich aus dem Traum aufwachte, hatte ich das Gefühl, in einem mächtigen Fernsehapparat zu liegen. Gott saß in den Bäumen und wachte über mich. Nicht um zu sehen, wie es mir ging. Nein, um zu beobachten, wie ich es hinnahm.

Ich hätte Vivi davon erzählen können. Jedenfalls von dem Traum.

Sie nahmen nichts weg, nähten nur wieder zu. Es war bereits zu spät. Endgültig! Ich hätte mir den Protest sparen können.

Sie ist gut verheilt jetzt. Die Wunde.

Sie sprachen freundlich von Lebensqualität. Reisen? Ein wenig von der Welt sehen?

Ich dachte daran, nach Karelien zu fahren. Aber da kenne ich niemanden mehr. Nicht einmal Papa.

Vera bot sich an, mit mir zu reisen. Aber ich sah ihr Gesicht vor mir. Allein mit mir und meinem Elend.

Ich hätte allein reisen können, an einen Ort, an dem ich nie gewesen war. Um die Blicke loszuwerden. Das Mitleid.

Als sie erfuhren, daß ich sterben würde, kam ich mir vor wie ein Ding, mit dem man auf keine andere Weise kommunizieren konnte als durch Blumen und höfliche Phrasen.

Es ist doch so.
Mitgefühl? Ich habe es am eigenen Leib erfahren. Glaube nicht, daß es der Rede wert war …

Die Nächte werden immer dunkler.
Der Nachtengel erscheint ab und zu in der Tür. Er sagt nichts, wenn ich nicht zuerst rede. Hinten steht eine Lampe, die immer brennt. Es bedrückt mich nicht sonderlich, daß der Engel mein jämmerliches Gesicht sieht.

Es wäre schön gewesen, wenn Vera eine Nacht hier hätte schlafen können. Ich habe nicht gefragt. Es ist anstrengend genug für sie, am Tage zu kommen.
Vielleicht hätte ich sie zwingen können? Weinen, wenn sie gehen wollten, so daß sie keine Ruhe bekamen, bis sie dablieben. Hier schliefen. Vivi oder Vera. Charlotte. Mit ernsten, gequälten Gesichtern. Jede Stunde schlimmer.
Pfui Teufel! Mein Magen kann so etwas nicht mehr vertragen. Mein Magen ist schlecht genug.
Ich hätte sicher ein Projekt daraus machen können, alles zu erforschen, was sie von mir erdulden müssen, nur weil sie glauben, ich wage es zu sterben.
Ich wage es nicht. Ich muß.

Vielleicht hasse ich sie wegen ihrer Gesundheit.
Sie hätten mich bestimmt gern wieder gesund gemacht.
Es geht nur nicht.
Jetzt warten sie, daß die Zeit vergeht. Es ist eigentlich nicht schlimmer als das, was ich tue.

Der äußerste Augenblick? Wie soll ich ihn schaffen?
Nutze den Tag! Irgendso ein törichter, sentimentaler Scheißkerl hat das gesagt. Es ist beinahe so schlecht wie: Liebe dich selbst!
Als ob wir zu etwas anderem imstande wären. Als uns selbst zu lieben. Meine Egozentrik hindert mich daran, den Tag zu nutzen. Obwohl ich nicht Tage im Überfluß habe. Gerade deshalb.
Mir graut vor den Tagen, die ich nicht bekomme.
Warum? Warum bin ich nicht froh, daß ich sie loswerde? Nur noch Haut und Knochen. Sabbernd. Kotzend. Röchelnd. Zerfressen. Schaffe es nicht einmal, meinen eigenen Dreck zu halten.
Hätte ich genug Kräfte gehabt, dann hätte ich mich als Schauspieler für einen Gruselfilm melden können und viel Geld verdient.
Geld? Was zum Teufel soll ich mit Geld? Um noch mehr zu vererben, damit die Mädchen mir einen freundlichen Gedanken nachsenden können?

»Du kommst jedenfalls darum herum, die Haare zu verlieren«, sagte Charlotte, als sie zuletzt da war.
Was sollte ich sagen? Ich kann mich auch nicht erinnern, daß ich etwas gesagt habe. Ich bin nicht imstande, hier zu liegen und für alles dankbar zu sein, dem ich entgehe. Es ist teuflisch genug, so wie es ist.
»Es sieht ja keiner, wie dünn du bist, wenn du Kleider anhast«, sagte Charlotte, als sie versuchte, über Haut und Knochen zu spotten.

Ich ziehe die Decke bis hinauf zu den Ohren, wenn sie da sind. Man kann es makabere Eitelkeit nennen. Dann geht es mir leidlich.

Ich kann froh sein, daß ich sie nicht die ganze Zeit um mich haben muß. Sie werden dann so traurig. Hilflos.
Wenn sie kommen, sehe ich, wie sie alles mobilisieren.
Sogar Vera.
Zweifellos erwarten sie, daß ich mich wenigstens ein bißchen zusammennehme. Zum Beispiel lächele.
Mehrmals habe ich mich entschlossen, ihnen zu sagen, daß sie nicht mehr kommen sollen. Aber ich sage es dann doch nicht.
Zum Teufel noch mal! Ich habe ja Angst, daß sie nicht kommen werden. Ich zähle die Stunden und Minuten, bis sie kommen.

III

Antti rief aus den USA an. Ich fing auf einmal an zu weinen. Weil er Finnisch sprach. Frische, muntere Stimme, als hätte er geübt. Redete von Leuten, die ich nicht kannte, und von Orten, wo ich nicht gewesen bin.
Bevor er auflegte, fragte er, ob ich wolle, daß er komme.
Mein Bruder hat keine Ahnung vom Sterben. Wie sollte er auch? Seit seinem sechzehnten Lebensjahr lebt er im Ausland.

Natürlich sterben auch dort Menschen. Aber das ist nicht seine Sache. Ein Geschäftsmann hat keine geschäftlichen Verbindungen zu Sterbenden. Im Gegenteil, er wittert, wer es schafft, sich am Leben zu erhalten.
Antti ist tüchtig. Familie hat er auch.
Aber er ist kein Bruder. Das ist er eigentlich nie gewesen.
Wir Frauen waren die Familie.
Die Söhne sind prämierte Tiere. Viel beschäftigt. Manchmal unterhaltsam. Ich meine – sie gehen auf die Jagd, tauchen im tiefen Wasser. Laufen Ski. Und haben das Monopol auf die große karelische Trauer um das verlorene Land.
Sie werden damit nicht fertig. Papa zäunt seine Wälder ein und verdächtigt die Nachbarn, Feinde und Diebe zu sein.
Außerdem sind die Nachbarn rot angehaucht und sollten sich schämen.
Papa ist ein Weißer.
Mama war nicht rot, aber sie war Ausländerin und hatte keine finnische Seele, keine Tragödie und keinen beißenden Humor.

Die Großmutter entschied, wer weiß und wer rot war.
Papas Bruder heiratete eine Rote. Deshalb mußte er etwas betreiben, was man Strandtanz nannte.
Es lief darauf hinaus, betrunken auf dem Strand herumzutorkeln und zu rufen, daß man sich betrinken müsse, weil das Leben verdammt unerträglich sei. Einmal fanden sie ihn im Wasser schwimmend.

Die Großmutter sorgte dafür, daß die Brieftasche ausgewrungen und die Geldscheine getrocknet wurden. Der Onkel wurde auch getrocknet – und auf die Felder geschickt.
Großmutters Tragödie bestand nicht darin, daß der Onkel sich im Suff ertränken wollte, sondern daß sie keine ordentliche Schwiegertochter hatte.
Ich begriff das nicht ganz. Aber ich verstand, daß Rot die Farbe der Schande war.

Mama lernte tatsächlich Finnisch. Ungefähr so, wie ich Norwegisch sprach. Seltsam. Wir brauchten viel Energie, um die gegenseitige Sprache zu lernen, Mama und ich.
Wie konnte sie in Karelien bleiben? Wer konnte so etwas verstehen, wenn nicht ich?
Mama gehörte vielleicht zu den Menschen, die lieben, auch wenn es zu einer Katastrophe führt.
Ich sehe sie vor mir, ich war vielleicht sechs, sieben Jahre alt, sie stand zeitig morgens in einem weißen Nachthemd im Wald. Der Tau lag auf Moor und Waldboden, und das Licht stand wie Säulen zwischen den Bäumen.
Ich war ihr nachgegangen, weil soviel Krach im Haus war. Aber als sie sich umdrehte und mich sah, war alles umsonst. Sie ging gleichsam in die Biblische Geschichte hinein. Die Trauer in ihrem Gesicht war so groß, daß ich mich ihr nicht nähern konnte.
Ich kehrte um und lief. Lief und lief.

Hätte gerne gewußt, wie Antti es ertragen hätte, wenn er von Krebs zerfressen worden wäre. Nein, pfui Teufel, jetzt war ich gemein! Ich ertrug es selbst nicht so beispielhaft. Ein eigenartiger Gedanke – falls es Antti widerfährt, bin ich nicht mehr da. Wäre es indessen jetzt geschehen! Daß er angerufen und gesagt hätte: »Verdammt, alte Schwester, ich habe Krebs.«
Ja, da hätte ich großzügig die Arme ausbreiten können und sagen: »Pfui Teufel, kleiner Drecksack, komm her! Wir können im gleichen Zimmer liegen und unsere letzten Gäste empfangen und uns totlachen. Zusammen.«
Wäre ganz in Ordnung gewesen, nicht so verdammt allein zu sein.
Andererseits: Er wäre sicher ganz verzweifelt. So daß ich ihn noch trösten müßte. Ich müßte meine ganze »Nutze den Tag«-Energie aufbringen, um Antti zu trösten.
Eine lange Reihe weinender Freunde und Familienmitglieder würde an seinem Bett vorbeidefilieren. Da müßte ich dies auch noch ertragen. Nein!

Eigentlich sitzt es tief. Das mit Antti.
Ich hätte ihm sagen sollen, daß ich mich freuen würde, wenn er käme. Als er mich fragte, meine ich. Vielleicht wollte er es sogar wirklich.
»Ja, komm zu mir! Es gibt so viel, was ich dir sagen möchte, Antti. Warum alles zwischen uns so gekommen ist, wie es ist.«
Ich glaube, es lag daran, daß du sie alle durch deinen Charme vollständig gefangen nahmst. Du warst so lustig.

Ich räumte auf. Ich war die Älteste. Nur ein Mädchen. Versuchte, ordentlich zu sein. Das mußte ich ja. Sonst hätten sie mich nicht haben wollen.
Du und Mama, ihr konntet zusammen lachen. Du und Papa, ihr konntet Pläne schmieden und streiten.
Ich konnte nur aufräumen. Denn ich war so mürrisch, weißt du? Ich bin mein ganzes Leben mürrisch gewesen. Meine Schnute war vom ersten Schrei an mürrisch.
Das ist natürlich nicht dein Fehler, Antti, hätte ich sagen können.
Und wenn er trotzdem nicht gekommen wäre? Was dann? Es war gut, daß ich nichts gesagt habe.

Ich habe es nie geschafft, mir das Fluchen abzugewöhnen. Odd sagte immer, daß es eingefleischter finnischer Trotz sei. Ich fluchte sogar, als die Mädchen klein waren.
Sie sagten nie häßliche Worte.
Einmal trafen wir den neuen Pfarrer auf einer Skitour, und es fuhr mir einfach so heraus, daß der Schnee verdammt pappte.
Vivi weinte während des ganzen Heimwegs. Sie schämte sich fürchterlich. Ich mich auch, verständlicherweise. Ich versuchte, ihr zu erklären, daß ich es nicht gewußt hätte, bis sie es mir sagte. Daß es der Pfarrer war.
Schließlich schüttelte ich sie, weil sie nicht aufhörte zu weinen.

Ich glaube nicht, daß heute jemand kommt. Einer der Engel hat das Fenster geöffnet. Es riecht nach Herbst. Und Kaffee.
Der Geruch ist gut, auch wenn ich es nicht vertrage, ihn zu trinken.
Ich habe solche Lust, im Wald ein Feuer anzuzünden. Heute morgen, in der Dämmerung, vernahm ich deutlich den Geruch von verbranntem Teer. Es geschieht ab und zu, wenn ich die Pumpe etwas zu oft gebraucht habe, daß die Sinne fliegen.
Daß der Rausch in einem Menschenleben so schlecht verteilt sein kann wie in meinem!

Er lachte immer, wenn ich fluchte. Er war ja Finne. »Scher dich nicht drum! Hab keine Angst zu leben!« sagte er, wenn ich mich über etwas grämte, was ich getan oder gesagt hatte.
Er war sehr selbstsicher. Aber mehr großzügig als selbstbewußt. Das imponierte mir.
Aber so etwas imponiert wohl kaum dem Herrgott. Man braucht ihn nicht vorzustellen, wenn die Zeit kommt. Jedenfalls nicht als ehemaligen Liebhaber. Oder vielleicht doch?
»O Gott, warum hast du so viele Wenn und Aber, wenn der Richtige da ist? Es ist ein Hindernislauf des Teufels!« könnte ich sagen.
Und die Antwort? Die muß ich mir wohl selbst zusammenreimen.

Er sagte immer, daß er keine Haushaltshilfe brauche. Er habe ja mich. Jeden Tag. Jede Nacht.
Es war wie eine Befreiung. Es nützte nur nichts. Denn der Schornstein mußte repariert werden, und ich brauchte einen, der zusammen mit meinen Töchtern lachte.
Wo hört der Rausch auf, und wo beginnt die Realität? Ich wagte wohl nicht, es herauszufinden.

IV

Charlotte ist hiergewesen.
Sie redete wie gewöhnlich nicht nur mit mir, sondern auch mit den Leuten auf dem Flur. Sie bezaubert die Krankenschwestern. Manchmal glaube ich, daß ich Charlotte das Einzelzimmer zu verdanken habe. Ich meine sie zu hören: »Lieber, guter Doktor, Sie würden es sicher auch nicht mögen, mit vielen anderen zusammenzuliegen, um zu sterben, nicht wahr? Und niemand weiß ...«
Sie kam mit einem mächtigen Paket und sah mich gespannt an, während sie eine wattierte Tagesdecke auspackte. Aus blauen und grünen Flicken, die sie über das Bett ausbreitete.
Ich empfand sie als Druck auf dem Körper. Fragte mich, wie lange ich sie wohl auf mir ertragen würde.
»Hier ist zuviel Krankenhaus, das wollen wir nicht!«
»Sie ist schön, Charlotte.«

»Ich fand sie bei Ikea. Sie war billig. Hab kaum etwas dafür bezahlt.«

Stärke in dem Stoff? Staub? Ich mußte die Augen einen Moment schließen.
»Machst du bitte das Fenster ein wenig auf?«
Charlotte öffnete es, zog den Stuhl zum Bett und setzte sich. Das Geräusch der Stuhlbeine, die über den Boden gezogen wurden, nagte im Magen, zusammen mit allem anderen. Mir brach der kalte Schweiß aus, und ich drückte auf die Pumpe.
Sie kennt meinen Traum von dem Flickenteppich.
»Ich habe drei Säcke voll Lumpen. Reste von allem, was ich genäht habe«, sagte ich einmal und erzählte von dem Teppich, den ich nähen wollte.
Später, wenn ich Zeit hätte.

Charlottes Freundschaft ist eine einzige lange Premiere. Ich begegnete ihr in einem Café in dieser Stadt. Damals, als ich Schauspielerin werden wollte.
Sie wurde es.
Ich weiß nicht, wie viele Rechnungen ich nicht pünktlich bezahlt habe, weil ich das Geld brauchte, um wegzufahren und Charlottes Premieren zu sehen.
Vor der Aufführung ist sie verbissen und geistesabwesend.
Wir begrüßten uns kaum, bevor sie auf die Bühne ging. Sie sorgte stets dafür, daß ich einen der besten Plätze bekam. Aber nicht zu nah.

»Ich kann dich nicht am Hals haben, da bekomme ich keine Luft«, sagte sie immer.
Ich war nicht beleidigt. Ich wußte ja, was los war.

Ich wollte mit ihr über das reden, was ich dachte, wenn ich hier allein lag. Aber die Decke war so schwer.
Einer von den jüngsten Engeln kam herein und fragte schüchtern, ob Charlotte wirklich *Charlotte* war.
Und das war sie natürlich. Sie lachte ausgelassen und streichelte die Wange der Kleinen und erzählte, wie beansprucht sie jetzt vor der Premiere war.
»Ich habe alle Interviews und Vorbesprechungen gelesen. Und die schönen Bilder!« sagte der Engel träumend.
»Ach, du meine Güte, sie waren grausam dieses Mal! Die Bilder waren wirklich ganz schrecklich! Werden Sie sich das Stück ansehen?«
Aber der Engel hatte keine Eintrittskarte mehr bekommen.
»Ich bringe eine Karte, nein, zwei Karten mit – wenn ich das nächste Mal komme«, plapperte Charlotte.
Dann schrieb sie ein großzügiges Autogramm auf eine meiner Sabberservietten.

Als der Engel gegangen war, fiel mir alles etwas schwerer.
Ich glaube, so fühlte es Charlotte auch.
»Ich glaube, du mußt die hübsche Decke ein wenig zusammenrollen, ich …«
»Wir breiten sie auf dem Fußboden aus. Da kannst du sie sehen. Das ist prima!«

In zwei Sekunden hatte sie die Decke auf dem Fußboden ausgebreitet. Dann stellte sie sich mitten darauf. In Ballettpose, die Arme über dem Kopf. Nachdem sie kurz getanzt hatte, setzte sie sich brav wie ein Schulmädchen wieder auf den Stuhl.

»Herrgott, was bin ich doch so dumm! Ich mache dich ganz fertig«, seufzte sie.

»Es liegt nicht an dir ...«

»Doch, sicher, immer ist es meine Schuld, wenn Leute vor Erschöpfung in Ohnmacht fallen. Wie ging es dir heute? Ehe ich kam?«

Sie faltete die Hände im Schoß mit einem Ausdruck, der die Bereitschaft ihres ganzen Ichs vermittelte.

»Heute morgen stand es mir klar vor Augen, Charlotte, wie es war, da draußen aufzuwachen. Die Unruhe. Die Angst, den Tag nicht zu bewältigen. Was war da nur so schwierig? Unglaublich, daß ich mich nicht mehr daran erinnere.«

»Es war doch nicht die ganze Zeit so?«

»Es war immer etwas. Rechnungen, die ich nicht geschafft hatte zu bezahlen. Leute, denen ich versprochen hatte, einen Gefallen zu tun, ohne daß ich eigentlich Zeit hatte. Unruhe bei allem, was getan werden mußte. Es war wie das Leben in einem undichten Haus mitten in der Wüste, wo der Wind die Räume ständig mit Sand füllt, der herausgeschaufelt werden muß, wenn ich nicht begraben werden will.«

Charlotte lauschte mit dem Körper. Sie ist ja Schauspielerin. Aber das Gehirn paukte die Rollen ein. Einmal sagte sie tatsächlich, daß es ihr ganz leicht fiel. Sagte es vor sich hin.
Es machte mich wieder zu einem jungen Mädchen. Die Einsamkeit, wenn keiner verstand, wovon ich sprach. Ich versuchte es immer wieder. Und die Erwachsenen sagten ja oder nein, tja – oder irgend etwas. Aber ich merkte es ihnen an, daß sie nicht begriffen, was ich ihnen zu sagen versuchte.
»Oft wußte ich selbst nicht, worum es ging. Nur um den Schatten eines ekelhaften Traums? Eine Replik von irgendeinem? Die den Traum verstärkt hatte? Ein Gefühl der Verlassenheit? Ebenso alt wie ich selbst. Nicht geliebt. Nicht erwünscht. Seltsam. Mir fehlte doch nie etwas. Außer einem Schnupfen oder Zahnschmerzen.«
»Ich fühle mich zur Zeit auch nicht besonders geliebt«, sagte Charlotte. »Es gibt mächtig viel Mißgunst und Intrigen am Theater.«
»Ist Hedda daran schuld?«
»Hedda und ich«, seufzte sie.
Charlotte stand mitten im Leben. Mit einer großen Rolle. Trotzdem war sie nicht froh. War dies das Leben?
»Warum war ich so böse auf den Staub? Er verfolgte mich. Kam mit dem Morgenlicht. Lag überall. Sogar auf dem Eßtisch. Besonders wenn ich nähte. Wieso konnten Flusen meine Psyche überfallen? Warum sind Flusen unter dem Bett schlimmer als Fusseln auf einem gestrickten Pullover? Warum verwenden die Frauen ihr Leben dazu,

Dreck zu sortieren und sich zu ärgern? Ein Mann verwendet keine Zeit für derartiges. Ich habe nie einen Mann herumgehen sehen und mit dem größten Ernst Dreck sortieren, wochenlang, monatelang, jahrelang. Sie gehen wandern«, schluchzte ich.
»Ich schenke dir ein bißchen Wein ein, dann wird es besser«, sagte Charlotte.
»Das nützt nichts. Er kommt nur wieder hoch. Sie gehen wandern, hörst du! Verdammt, hier liege ich wie ein lebender Toter und analysiere die Rollen der Geschlechter. Das ist ein starkes Stück! Ich bin wie ein Steinbeißer. Schlage zu und halte fest, auch wenn der Kopf schon vom Körper getrennt ist.«

Ich schluchze das bißchen, was ich vermochte, und schlug auf die Bettdecke. Aber es war eine schwache Vorstellung.
»Rede du nur. Rufe. Brülle!«
Charlottes Stimme war leise. Aber ich hörte, daß sie es aufgegeben hatte, an ihre Rolle zu denken.
»Wenn das Wunder geschieht und ich morgen nach Hause geschickt werde? Gesund? Werde ich mich da an die Nähmaschine setzen, den Mund voller Stecknadeln, und das Leben glücklich durch einen Nebel von Staub einatmen? Verdammt, es wäre schön. Aber ich werde es nie erfahren.«
Da bat sie mich freundlich aufzuhören. Sie zieht noch Grenzen für das, was sie von mir erträgt.
Ich schloß ein wenig die Augen.

»Es ist prima, ein Einzelzimmer zu haben«, sagte sie.
»Ja«, sagte ich und öffnete die Augen, um mich im Zimmer umzusehen.

Das Waschbecken mit dem Spiegel darüber, in den ich nie schaue. Der Kleiderschrank mit den zwei Jogginganzügen, in denen ich nie joggen werde, aber die ich benutze, wenn ich zum Waschen oder zur Untersuchung gebracht werde.
Das Bett mit dem Körper. Der Nachttisch mit zwei Gläsern. Eines mit einem Pappdeckel und eines mit einem Saugrohr. Die blanke Schale mit den ärmlichen Papierservietten für eventuellen Schleim und Erbrochenes.
Die Blumen. An der Wand der Stuhl mit dem gepolsterten Plastiksitz, der furzt, wenn sich jemand daraufsetzt.
Und das Fenster. Durch das die Sonne mich den ganzen Tag verhöhnen kann, wenn sie will. Das Fenster ist selbstverständlich das Beste und das Schlimmste im Zimmer.
»Heute fällt dir alles besonders schwer? Oder?« sagte Charlotte.
Ich schloß wieder die Augen und dachte, daß sie nun wohl gehen würde.
Aber sie blieb sitzen. Ganz still.
Bald darauf spürte ich ihre Hand auf der meinen.

Charlotte ist nicht eigentlich schön. Ein großer Künstler muß das nicht sein. Sie kommt einfach auf die Bühne. Bleibt einen Augenblick stehen, bevor sie die ersten Worte spricht.

In diesem Augenblick hebt sie alle Gesetze auf. Von der Schönheit zum Beispiel. Da gibt es nichts zu diskutieren. Man weiß es, wenn ein großer Schauspieler auf der Bühne steht.
Sie weiß ziemlich genau, was es kostet. Trinkt nicht. Hat vor sechs Jahren aufgehört. Bekam Bescheid, daß sie ihre Quote bis weit ins nächste Jahrhundert getrunken hatte. Da hatte sie die Wahl zwischen der Flasche und der Bühne.
Es war eine teuflisch schwere Wahl. Deshalb geht sie auch nie zu den Premierenfeiern. Wenn der Vorhang gefallen ist, gehen wir beide »dem aus dem Weg«, wie sie sagt. Gehen in gute Lokale, wo man etwas zu essen bekommt. Essen uns rundum satt und trinken Mineralwasser.
Ein eifersüchtiger Kollege sagte einmal zu mir, daß Charlotte nur mich hatte, weil ich die einzige war, die es an den Premierenabenden mit ihr aushielt.
Ich hätte ihn ohrfeigen sollen. Oder wenigstens so etwas sagen wie: »Lassen Sie es nicht an Charlotte und mir aus, daß Sie auf der Bühne nur eine mittelmäßige Figur machen.«
Aber ich dachte nicht immer so schnell, auch früher nicht, bevor ich mit der Morphiumpumpe anfing.

»Ich hätte dich gerne als Hedda gesehen«, sagte ich.
»Ich komme zu dir, sobald die Premiere vorüber ist!«
Charlotte war wieder die Schauspielerin, die ihre kranke Freundin besuchte. Sie redete laut und munter.

»Du weißt, daß ich immer eifersüchtig bin, wenn ich dich in einer großen Rolle sehe«, kicherte ich.
»Herrgott, das weiß ich doch. Das würde ich auch sein.«
»Aber mit meiner Eifersucht ist es nicht mehr so doll. Sie ist auch nicht mehr so gesund wie einst.«
Es gelang mir, sie anzusehen, während ich lachte.
»Ich werde nur für dich spielen. Dann komme ich mit einer Zehn-Liter-Kanne Mineralwasser sofort hierher. Was für ein Glück, daß du in dieser Stadt bist.«
»Du bringst mich so weit, mich selbst zu vergessen«, sagte ich.
»Ich bin beinahe gerührt, du Quatschkopf!«
»Hättest du nur die Decke gelüftet, bevor du sie mitbringst.«
»Ich werde den Engel bitten, sie von irgendeinem Altan draußen in der Freiheit baumeln zu lassen. Ehrenwort!«
Das ist kein Problem. Die Engel tun alles für mich, wenn Charlotte darum bittet.

Sie stand auf, um zu gehen.
Ich hatte es doch die ganze Zeit gewußt. Gleich als sie kam.
»Erschieß dich nicht im letzten Akt. Es ist ein Hohn mir gegenüber, da ich doch versuche, am Leben zu bleiben.«
»Dafür werde ich bezahlt«, sagte sie und drückte mich.
Bevor sie ging, blieb sie mit dem Rücken zu mir auf der Decke stehen. Ich wußte, daß sie sich zusammennahm. Als sie sich umdrehte und lächelte, hatte sie sich voll unter Kontrolle.

Kurz darauf stand sie schon in der Tür.
»Warum hat Hedda das getan?« rief ich ihr nach.
Sie streckte den Kopf wieder herein und deklamierte dramatisch: »Enttäuschung? Eifersucht? Schönheit? Der Traum von der Unsterblichkeit? Langeweile? Denk darüber nach bis nach der Premiere!«
Dann war sie fort.
Sind es die gleichen Fragen, Charlotte, die auch dich zernagen und dir die Freude stehlen?
Wie sind wir zusammengesetzt? Aus Liebe?
Odd brauchte zwei Jahre. Hin und her. Zwischen ihr und mir. Beinahe lustig. Jetzt.
Und wenn die andere im Zimmer steht und mich wieder in mein eigenes Leben malt, wie kann ich ihn da gehen lassen? Verstehst du das?
Verstehst du, daß ich traurig bin? Traurig wie ein Kind, weil mir niemand die *Kalevala* vorliest.
Noch größer aber ist die Trauer, daß ich es nicht aushielte, wenn jemand ein oder zwei Stunden läse, weil der Rausch alles wegnehmen würde.

Ein unmöglicher Gedanke. Daß danach alles normal sein wird. Die Jahreszeiten. Die Natur. Die Menschen. Weiter taumeln, als wäre nichts geschehen.
Jemand anderes bekommt mein Bett. Wie jetzt putzen sie jeden Tag den Fußboden. Die Engel leben noch immer unter dünnem Stoff, unter dem die BH-Träger zu stramm auf dem Rücken sitzen. Barfuß in weißen Gesundheitsschuhen.

Sie reden mit dem Menschen, der im Bett liegt.
Und ich – ich existiere nicht. Bin nur eine Handschrift in einem Brief oder ein Kleidungsstück. Was sie sofort gewahr werden.
So wird alles weitergehen.
War es nicht mehr? Kann ich mich deshalb nicht aussöhnen? Habe ich den Platz nicht ausgefüllt, der mir zugeteilt war?
Ich kann niemanden fragen. Sie werden nur sagen, daß ich zwei gesunde Kinder habe. Daß ich mein Bestes im Leben geleistet habe. Sie würden es nicht wagen, das zu sagen, was sie eigentlich meinen. Nicht wagen zu sagen: »Nein, du hast das ganz Große nicht erreicht. Warst nicht einmal so liebenswert, daß du schmerzlich vermißt wirst. Es ist möglich, daß es nicht der ganz große Verlust ist, wenn du stirbst.«
Und das kommt der Wahrheit wohl ziemlich nahe.
Es heißt, daß Menschen immer ihr Bestes tun wollen. Ich weiß nicht, ob das auch auf mich zutrifft. Ich kann mich nicht erinnern, daß ich alles eingesetzt habe, um mehr aus mir zu machen.
Vielleicht bin ich krank geworden, weil ich zu feige war. Zu träge. Anstatt etwas zu tun. Etwas zu verändern.
Hätte ich das fertiggebracht, was du fertiggebracht hast? Aufhören zu trinken, falls es ein Problem gewesen wäre? Es bedurfte nur einer einfachen Schwangerschaft, daß ich den Plan, Schauspielerin zu werden, aufgab.
Ich? Die ich hier liege – und mich nicht einmal entschließen kann, an Gott zu glauben.

Ein Zweig schwimmt im Fluß. Manchmal hakt er sich am Ufer fest. An einem Halm oder einer Wurzel.
Das Wasser gleitet weiter. Alles andere schwimmt vorbei. Aber der Zweig bleibt in seinem Strudel, bis es wieder geschieht. Daß ihn etwas stößt und schubst. Nicht mutwillig, nur ungeduldig.
Raff dich auf!
Der Zweig läßt los und treibt weiter. Bis zum nächsten Strudel.

V

Er hat Blumen geschickt. Papa. Vielleicht war sie es sogar, die Hexe. Die Leute werden nett, wenn sie das Ende sehen.
Was soll er mit mir? Er hat seine Wurzeln in Karelien. Hat eine solche Angst vor der Axt.
Vera ist jetzt beinahe jeden Tag hier.
Ich vertrage nicht sehr viel. Friere so leicht, wenn ich nicht unter der Decke liege.
Heute half sie mir beim Baden. Und sie war ganz verschwitzt und erschöpft von dem Dampf und der Wärme. Aber ich fror, wenn sie mit dem Handtuch ein wenig Luft fächelte. Als sie kurz weggehen mußte, um etwas zu holen, klapperte ich mit den Zähnen.
Ich fürchte, daß ich schimpfte und fluchte. Sie sagte nichts. Half mir nur, die frischen Sachen anzuziehen.

»Vera, zum Teufel, ich bin ein undankbares Ungeheuer! Ich sollte dir lieber danken. Vielen Dank!«
»Es macht nichts, Mama. Es macht gar nichts!«

Nachher, als sie an meinem Bett saß, lief der Schweiß immer noch über ihr Gesicht.
Ich war eiskalt erschöpft, sie glühend heiß erschöpft. Ich vermochte eine Zeitlang nichts mehr zu sagen. Aber sie ging nicht.
Dann sagte ich es: »Ich wünschte, es wäre vorüber.«
»Ich verstehe dich, aber sage es trotzdem nicht.«
Ihre Stimme glitt fort.
»Ich lüge dir nur etwas vor, Mädchen.«
Eine Fliege summte irgendwo im Raum. Unsichtbar. Sie war zu spät draußen. Der Herbst ist für Fliegen gnadenlos.
Vera roch nach Strohfeuer, als sie sich über mich beugte und ihre Wange an meine Hand legte. Eine Weile saß sie so da.
So nah bin ich wohl niemandem gewesen.
»Nimm meine Hand. Stell dir vor, daß du noch klein bist, mit einer Haarschleife im Haar. So tapfer bist du! Hast dir gerade das Knie aufgeschlagen, ohne zu weinen.«
Ich hätte alles erzählen sollen. Aber du bist so klein.
Erzählen, daß ich glaubte, ich müßte ihn gehen lassen, um eine gute Mutter für euch zu sein. Erzählen, daß es nichts nützt, die Liebe zu einem Mann zu opfern, um für seine Kinder mehr übrig zu haben.

Ich war keine gute Mutter für Vera. Ich kapierte es nicht ganz. Wie ich hätte sein sollen.
Aber wir waren Freunde. Jedenfalls, als sie klein war. Später wurde sie oft wütend. Oder fing ich an? Dann wehrte sie sich und zog von zu Hause weg.
Vivi war anders – ist anders. Klar. Zwei verschiedene Menschen. Vivi ist ängstlich, aber eigentlich kommt sie besser zurecht.
Sie bleibt bestimmt dort, wo sie geboren ist. Für immer. Wohlbehalten.
Vera lief davon. Ihr wurde es zu eng. Sie wird unsere Telefongespräche vermissen.
Oder glaube ich das nur? Sind alle Dinge, auf Abstand gesehen, nur etwas, das wir glauben?

Als ich die Augen öffnete, saß sie noch da.
Eine Schwester kam herein, grüßte, sagte ein paar Worte über das Wetter und ging wieder.
»Sie gleichen wirklich Engeln«, sagte ich.
»Ja.«
»Voll beansprucht. Sie haben es sicher nicht immer leicht. Seltsam. Sie tragen ihr Leben mit sich. Hier herein. Verbergen es im Kopf.«
Vera deckte mich besser zu.
»Ich rede über Dinge, die nichts mit uns zwei zu tun haben. Das ist verlorene Zeit«, sagte ich.
»Nein, ich finde es gut.«
»Die Nachtwache kann man gut bitten. Sie lächelt oft. Aber sie ist nicht froh. So etwas sehe ich jetzt gewiß besser.«

Ich fühlte mich versucht, wieder die Pumpe zu benutzen, aber ich wollte so gerne ganz dasein. Ich mußte es aber schaffen, gleichzeitig ein ganz normales Gesicht zu machen. Ganz ruhig. Keine Grimassen.

Ich schloß die Augen. Da war es leichter.

»Ich hätte eine fröhlichere Mama sein sollen.«

»Du warst eine Zeitlang bestimmt unglücklich ...«

Die Stimme war ruhig und freundlich. Vera redete mit einem Kind.

»Wie unglücklich darf eine Mutter sein, ohne etwas zu ändern? Irgend etwas. Nur nicht die Tage und Jahre dahingehen lassen«, sagte ich.

»Uns ging es gut, Mama. Das andere, das dauerte ja nur kurze Zeit.«

Vielleicht wußte sie es. Kinder wissen ja alles mögliche. Was ich zu Odd gesagt hatte.

»Bleib der Kinder wegen, sie sind noch nicht erwachsen ... Sie brauchen einen Vater.«

»Bist du mir böse, weil du ohne Vater aufgewachsen bist?«

»Wie kannst du nur so was Dummes denken?«

»Sag das nicht, um mich zu trösten, das ertrage ich nicht ...«

»Es ist nicht, um dich zu trösten! Wirklich nicht. Du redest Unsinn!«

Vera war irritiert. Es wirkte lindernd.

Ich schob mich ein wenig auf die Seite und versuchte, den Körper auszustrecken.

»Frierst du, Mama?«
»Jetzt nicht.«
Jemand ging draußen im Flur mit einem Tablett voller Gläser vorbei. Das Klirren kam sanft durch die geschlossene Tür zu uns herein.
»Wenn ich den Mut gehabt hätte, schon lange vorher, als ihr noch klein wart, mit euch allein zu bleiben, glaubst du, daß wir dann mehr gelacht hätten? Daß wir mehr Freunde gehabt hätten? Uns vor Lachen über alltägliche, gewöhnliche Dinge geschüttelt hätten?«
»Ich hatte kein Bedürfnis für soviel ... Lärm, Mama. Für mich war es schön, so wie es war. Nur du ...«
»Es ist, als wäre ich noch nicht richtig erwachsen. Hätte keine Zeit bekommen, an einige Dinge zu glauben. Nicht richtig. Glaubst du an die Freude, Vera?«
»Ja. Ich vermeide es nur, die ganze Zeit zu lachen.«
»Du sollst aber wissen, daß es mir leid tut, daß ich oft so böse war, als du klein warst.«
»Ich weiß, daß es dir leid tat. Darüber war ich mir bereits als kleines Mädchen im klaren.«
»Jedesmal, wenn ich eine gute Zeit hatte, meldete sich die Angst, daß sie wieder verschwinden würde. Ich war wie gelähmt. Und dann kam es über mich, Vera, daß ich nichts wert bin.«
»Das geht uns mitunter allen so.«
»Kaum vorstellbar! Als ich noch da draußen war ... Ich konnte morgens aufwachen und wollte nicht aufstehen. Es fehlte mir nichts. Ich war nur unten. Deprimiert. Traurig. Die Nähmaschine war eine Belastung. Leute,

mit denen ich zu tun haben würde, waren – eine Belastung. Ich war munter wie ein Fisch im Wasser, hatte keinerlei Schmerzen, trotzdem hatte ich keine Lust zu essen, weil ich so niedergeschlagen war! Somit habe ich das hier wohl verdient.«

»Mama, es ist nicht deine Schuld, daß du krank bist.« Sie schrie es heraus. Es dröhnte. Die Alltagsgeräusche im Flur wurden leiser. Die Wände um uns standen schroff auf allen Seiten.

Ich öffnete die Augen.

Vera war wütend. Die Haare hatten sich aus dem Band im Nacken gelöst und hingen in feuchten Strähnen um ihr Gesicht. Sie hatte sich nicht die Zeit genommen, sich zu kämmen oder in den Spiegel zu schauen, seit wir aus dem Bad gekommen waren.

Sie war abgespannt. Um sich irgendwie stark zu machen, faltete sie die Hände im Schoß. Die Schultern hoben und senkten sich.

Ich hatte die Energie aus ihr herausgesaugt.

Das durfte nicht so weitergehen.

»Natürlich hast du manchmal geschimpft. Das war nicht schlimm. Nicht, wenn es vorüber war. Ich erinnere mich nicht einmal daran.«

»Wie bin ich in deiner Erinnerung, Vera?«

»Wild und voller Einfälle. Du hast Brötchen gebacken und phantastische Kleider für Vivi und mich genäht. Und dann hast du vorgelesen. Erinnerst du dich? *Mio, mein Mio*, *Tausend und eine Nacht* und *Das Hohelied Salo-*

mos. Die *Kalevala* hast du, auf dem Küchentisch stehend, vorgetragen, so daß Vivi zitterte.«
Ich fing an zu weinen. Sie ließ sich nichts anmerken.
»Vivi sagte, daß du herunterkommen und wieder du selbst werden solltest. Wir hatten ein Puppentheater unter der Treppe, erinnerst du dich?«

Wir sitzen auf dem Boden vor der Pappbühne. Vivi lutscht am Daumen und dreht an einer Haarlocke.
»Der Drache kommt, der Drache kommt!«
Ritter Vera springt hervor und schlitzt mit dem Schwert seinen Bauch auf. Alles läuft heraus. Alle häßlichen Gedärme voller Krebs. Das geschieht ihm recht!

»Kannst du dich erinnern, ob ich gelacht habe, nachdem wir allein waren?«
»Da hast du oft gelacht.«
»Wann denn?«
»Bei vielen Gelegenheiten. Zum Beispiel, als du in diesen Künstler verliebt warst und uns vorgelogen hast, du würdest wegfahren, um Charlotte zu treffen. Da erinnere ich mich, daß du dich totgelacht hast, während du vor dem Spiegel Kleider anprobiert hast, um dich zu entscheiden, welche du mitnehmen solltest.«
»Habe ich wirklich gelogen?«
»Nicht oft. Wo ist er übrigens geblieben?«
»Ach – ich habe die Verbindung mit ihm verloren. Ich weiß nicht ... Wie habt ihr überhaupt herausgefunden, daß ich gelogen habe?«

»Ich glaube, Charlotte rief an, und da fragten wir, ob du noch nicht angekommen warst.«
»Charlotte hat nichts gesagt. Ihr habt auch nichts gesagt.«
»Nein, Herrgott! Ich hätte es nicht erzählen sollen.«
»Es war wohl an der Zeit!«

Vera sitzt in einem roten Samtkleid neben dem Weihnachtsbaum. Ernst.
Ich packe das Geschenk aus, das sie mir im Kindergarten gebastelt hat. Eine Streichholzschachtel mit kleinen glänzenden Muscheln. In der einen Ecke kann man die Reklame für Streichhölzer durch den Leim hindurch noch deutlich erkennen. Die Ein-Öre-Münze ist wie eine Sonne mit Strahlen.

»Habt ihr Odd gesagt, daß ich gelogen habe?«
»Für was hältst du uns denn? Er hat übrigens auch gelogen.«
»Aus welchem Anlaß?«
»Das erzähle ich nie!«
»Ich bin neugierig.«
»Da mußt du Vivi ausquetschen, wie du es immer machst«, lächelte sie.
Ich lächelte auch. Wollte ihr gern sagen, daß ich sie lieb hatte, aber da war sie aufgestanden, um zu gehen, und ich fürchtete, daß ich wieder anfangen würde zu weinen. Dann würde sie den Bus nicht erreichen. Vera ging nie, wenn ich weinte.

VI

Jumalauta! Er stand da und redete Finnisch mit mir! Ist er der Hunger in Person? Hat er Hunger nach einer, die er lieben kann?
»Du weißt nicht, was das heißt. Hast nur Angst, daß du deinen Teil von allem nicht bekommst.«
Eine Haarlocke fällt herunter, wenn er sich konzentriert. Die Art, wie er es geschehen läßt, die Art, wie er durch das Zimmer geht – macht es mir verständlich, daß er nur geliehen ist.
Nehme ich ihn mit in mein Haus, wird er grau. Er bekommt die Verantwortung für den eingestürzten Schornstein. Da nützt es nicht einmal, daß ich meine Kinder anlüge.

Odd sagte einmal, daß ich Menschen nicht leiden kann. Erinnerst du dich, Charlotte? Du wurdest wütend auf ihn und hast mich verteidigt. So wurde ich doppelt gedemütigt.
Ich wurde dazu erzogen, nicht einmal mich selbst zu mögen.
Den Unterleib zum Beispiel. Man sollte ihn nicht sehen, nicht riechen, nicht ahnen. Glaubst du, Charlotte, daß alles so kam, weil ich mich schämte?
Stell dir vor, man läuft auf dem Marktplatz herum mit dem Unterleib auf einer Fahnenstange, ohne sich zu schämen?
Jetzt leere ich ihn in einen Beutel am Bett.

»Schwester, ich bitte Sie inständig: Hängen Sie etwas über meinen Beutel. Alle können sehen, was aus mir herauskommt.«
Ihr hättet nur zumachen müssen. Dann wäre ich von meinem eigenen Unterleib gesprengt worden.

Kinder? Aus dem Beutel? Auch wenn ich jetzt sterben muß, ist es doch wahr, daß ich Kinder nicht besser leiden kann als andere Menschen. Vielleicht, weil sie so grausam lebendig sind? Ein Hohn?
Und ich mag es nicht, Tiere an die Kette zu legen, nur weil ich ein lebendiges Wesen in meiner Nähe haben will. Selbstverständlich liebe ich meine eigenen Kinder. Aber ich mag nicht alles, was sie tun. Manchmal finde ich sie direkt ekelhaft. Ein fürchterliches Produkt meines Unterleibs.
Wenn erst die Premiere vorüber ist, muß ich dir anvertrauen, daß ich sie oft ekelhaft finde.
Ich weiß, daß du keine Kinder hast, aber du kannst doch verstehen …
Sie essen mich auf. Fressen mich!
Ich kann nicht einmal in Ruhe auf der Schaukel sitzen. Sie baumelt im Garten. Im Unwetter vor und zurück. Sie kreischt. Die Schaukel ist allein im Wind. Sie schwingt so frei.
Oh, diese Kinder. Man kann nicht einmal im Bett seine Ruhe haben. Ich kann, zum Teufel, nicht einmal einen Liebhaber im Bett haben, ohne daß diese starrenden Kinderaugen …

Ich mache einen Unterschied zwischen ihnen. Das habe ich immer getan. Vielleicht nicht mit Worten und Taten. Aber im Herzen. Einen großen Unterschied.
Vera ist manchmal unerträglich selbstgefällig. Als hätte sie mich durchschaut, ehe ich einen Gedanken denke. Das macht mich rasend.
Vivi ist unangenehmer. Nicht in den Augen des Vaters. Sie ist falsch. Dieses anmutige »Ich bin ganz für dich da«. Ich verachte Anmut mehr als alles andere.

»Mama, warum hast du mich nicht mitgenommen, als du nach Norwegen gefahren bist. Da hätte ich die Sprache gelernt.«
»Mama, setz mich eine Weile auf die Schaukel. Ich brauche das jetzt!«
Der Baum ist kahl. Das Laub fällt ab. Jedes Jahr. Das ist natürlich. Es wird auch wieder Frühling.
Und ich? Nichts ... nirgends. Ein Leben lang habe ich das vergessen. Daß wir ein Nichts werden müssen, um zu verstehen.

Gebären bedeutete auch Einsamkeit. Nicht nur in zwei Stücke gerissen zu werden. Ich sollte ja mit Freude da durchkommen.
Das werde ich nun nicht mehr müssen. Ich entgehe jedenfalls der Lüge. Über die Freude.
Der Schmerz! Er reißt und beißt. Wenn ich es nur schaffe, einen klaren Kopf zu behalten. Der Rausch ist wie ein Sprung ins Heu. Nachher – Übelkeit.

Dies kann nicht von Dauer sein.

Warum hast du nichts erzählt? Wie es ist, geboren zu werden? Vielleicht liegt da der Schlüssel. Der Kampf. Die Schliche.
Geheimnisse, die ich vergaß.
Der Tunnel! Erzähl mir vom Tunnel, von dem du jede Nacht geträumt hast, ehe es zu Ende war. Du hattest solche Angst. Bis du ein Licht sahst, eine Öffnung.
Vergib mir! Ich verstand es nicht. Wußte nichts. Jetzt bin ich an der Reihe.
Ich wußte nicht, daß das Leben da und dort war. Glaubte, daß es etwas sei, das später kommen würde. Wenn ich geübt hatte.
Jumalauta!

Hatte es nicht etwas mit einer Brücke zu tun? Auf der Brücke zu stehen?

Warum liege ich unter diesem schrecklichen Licht?
Sie haben durchsichtige Gesichter. Was tun sie hier? Warum habe ich sie vergessen? Sie waren so viele. Ich war nur eine.
Ich bin ein kleines Ding im Bett, und Tante Eva steht in ihrer guten Stube. Alle haben sich um sie versammelt. Jetzt erzählt sie die wunderbare Geschichte: »Ich war dort bis zuletzt. Ich hielt ihre Hand bis kurz vor dem Ende. Ja, sie war so mager. Ganz graue Haut. Nein, wir redeten nicht. Das vermochte sie nicht.«

»*Voi perse*, Tante, du hättest Mama um Verzeihung bitten müssen.«
Sie tut, als wäre ich so klein, daß ich nicht bin. Ich bin groß, auch wenn ich Finnisch rede!
Warum ist Onkel Villy so zerschlagen? Ist das überhaupt Onkel Villy?
Bin ich das Wesen, das hier am Bett sitzt und mich ansieht?

Die Dunkelheit. Sie war vorher nicht so dicht. Sie sind gegangen. Es ist keiner mehr hier. Keiner.
Dem Licht ist nicht zu trauen. Es verschwindet. In einem Trichter. Ich verschwinde.
Warum sperren sie mich ein? Steinwände! Was habe ich getan? Der Körper ist festgebunden.
Das Fenster. Wo ist das Fenster?

Was für ein Tag ist heute? Die Premiere! Ich hatte vergessen ...
Es gibt keine Premieren mehr für mich.
Die vielen Giftblasen, die in meinem Körper herumjagen. Sie nehmen mir das Weinen. Nehmen mir ... Es ist zu teuflisch!

Das Haus ist immer zu groß gewesen. Und zu glauben, daß man sich Träume kaufen kann – und Sicherheit? Wir hatten nie die Mittel, um es zu reparieren.
Perkele, so geht es, wenn man das bekommt, was man meint, besitzen zu müssen.

Glaub mir nicht, wenn ich dir sage, daß die Liebe so selten ist wie eine Sonnenfinsternis. Hörst du? Es betrifft nicht alle. Nicht dich. Weine nicht!
Es macht nichts, wenn du weinst. Ich war nie der Meinung, daß es etwas macht. Das Lachen hat auch nicht soviel für sich, wie man sagt. Wichtiger ist es, zu sehen. Stell dir vor, ich konnte es nicht ertragen, daß du Mama so ähnlich warst und nicht ich!
Ich wünschte, du könntest häßlich über mich reden, um dich selbst zu retten.

VII

Wir stehen in einem großen, luftigen Raum und sprechen Finnisch. Die Worte überrieseln mich. Machen mich sichtbar.
Du hast so schöne Hände. Eine Narbe am linken Daumen. Von einem Messer, als du noch Kind warst. Wir verbrachten die Kindheit gemeinsam irgendwo in Karelien.
Du bist, zum Teufel, nicht Gott! Aber du verstehst alles, was ich sage. Nicht nur die Worte. Die Gerüche und die Farben auch. Alles, worüber die Worte nichts sagen, was aber trotzdem da ist. Die Träume.
Du hebst den Pinsel und heftest mich an die Leinwand. Du schüttelst den Kopf und prüfst mich. Genau. Als gäbe es nichts Wichtigeres.

Jetzt gehe ich wieder auf die Brücke. So, ja!
Endlich bist du da. Ich pflücke große Blaubeeren für dich. Ein ganzes Körbchen voll. Zum Abendessen. Schau, da liegt bereits Nebel auf den Ufern. Jetzt gehen wir in die Sauna!
Der See ist ein Auge, das uns ansieht.
Das Schilf streichelt meinen Körper. Jetzt schwimme ich in die Dunkelheit. Alles ist so still. Nur Tropfen von einem Ruderblatt.
Endlich bist du da! Deine Worte umfließen mich. Sind überall. Unter den Kniekehlen. Hinter den Ohren. In den Mundwinkeln. Zwischen den Schenkeln. Feucht und warm. Die Nächte haben noch nicht begonnen.
Du hast ein kleines Insekt auf der Schulter. Einen kleinen Marienkäfer. Setz ihn auf meine Wange. Bitte.

Hast du diese großen Bäume mitgebracht? Der Herbst ist schön. Hatte es nur vergessen. Vergesse so schnell.
Sie schleifen die Äxte. Pst, sei still! Kannst du deinen Mund nicht halten? Es rauscht heftig. Daß etwas so grün sein kann!
Ich klettere dort hinauf. Das wage ich nicht, sagst du? Du wirst schon sehen, *perse vieköön*! Ich schaffe das! Komm her, dann werde ich dir hinaufhelfen. Wir bauen eine Hütte. Dort können wir sitzen und sie hereinlegen.
Ich werde dir eine Flöte schnitzen. Da mußt du still sitzen. *Perkele!* Lauf nicht weg. Es dauert eine Weile, eine Flöte zu schnitzen.
Jetzt gehen wir verbotenerweise wieder in das Kornfeld.

Aber sie können uns nicht sehen. Hab keine Angst! Es ist nun Tag. So hell. Millionen von Ähren. Sie rascheln und streicheln.
Das Meer ist heute golden.
Es tut so gut, hier am Strand zu liegen. Das Meer ist eine Brücke aus Glas. Wir schwimmen über sie. Weit hinüber. So frei.
Die Meereswelle! Sie gibt nie auf.

Die Reise

Bereits am ersten Tag wurde ich auf sie aufmerksam. Nicht, daß sie einen besonderen Eindruck machte, als sie das Handtuch auf den Liegestuhl legte, überhaupt nicht. Ich hätte sie nicht im einzelnen beschreiben können.
Außerdem las ich die Autobiographie eines berühmten Mannes. Eine billige Ausgabe auf norwegisch mit dem Porträt eines älteren Arztes mit klaren, hellen Augen und Brille. Er hatte einen verkniffenen, aber nicht unfreundlichen Mund.

Ich dachte nicht mehr an sie. Da nicht. Sie gehörte zu meinem Tag wie die ungewohnt feuchte Luft. Eine Art unbewußter Schleier zwischen der Sonne und meiner Haut. Ohne Irritation, Konflikt, Begeisterung, Erregung.
Der Regenbaum indessen! Der Regenbaum hatte unzählige reiche Zweige, die das Sonnenlicht über mir siebten. Ein Schild gegen den Himmel. Ich dachte: Jetzt ziehe ich den Liegestuhl unter den Baum.
Und das tat ich auch.
Daß wir beide unter dem gleichen Regenbaum lagen, war Zufall. So wie es Zufall ist, wer in das gleiche Haus zieht. Der Baum hatte einen großen Schattenradius. Sie lag mindestens fünf Meter entfernt. Ich kann mich nicht erinnern, darüber nachgedacht zu haben, daß sie wahrscheinlich die unmittelbare Sonne ebenso wenig liebte wie ich. Da nicht.

Aber ich erinnere mich, daß ich dachte, der Puls des Ostens passe haargenau zu mir. Und daß ich mich sofort über einen so oberflächlichen Gedanken schämte. Als ob ich nach einem Tag in einem Hotelgarten irgend etwas über den Puls des Ostens wissen könnte.

Ich dachte auch darüber nach, ob ich Durst hatte und ob ich eine kleine Mittagsmahlzeit zu mir nehmen sollte oder ob es zuviel würde, wenn ich abends das Menü aß.

Die Krähen, die zeitweise auf dem Regenbaum schrien, beschäftigten mich in Gedanken auch. Sie waren kleiner und frecher als zu Hause. Nahmen die Luft und die Aufmerksamkeit in Anspruch und schleuderten ihre heiseren Rufe wie ermüdende Behauptungen, die man nicht zurückweisen konnte, über unsere Köpfe.

Gab es wirklich überall auf der Welt Krähen?

Es war mir klar, wenn Grete hier gewesen wäre, hätte ich sie fragen können.

Sie war nicht da, aber ich wußte die Antwort: »Spielt das eine Rolle? Ich begreife nicht, daß man das wissen muß.« Und ich hätte mit einem kurzen Lachen, das man als überheblich oder als scherzhaft auffassen konnte, das aber keines von beiden war, gesagt: »Nein, das vielleicht nicht ...«

Am nächsten Tag lag die Frau auf demselben Platz.

Ich bedauerte, daß ich mir nicht ein paar Ansichtskarten gekauft hatte. Ich hätte sie gleich schreiben können und hätte es hinter mir gehabt. An Freunde und Familie.

Aber ich machte kein Problem daraus.

Deshalb war es dumm von mir, ein unangenehmes Gefühl zu haben, als ich einen dunkelhäutigen Mann, wahrscheinlich von indischer Abstammung, entdeckte. Er hockte auf dem Kiesweg zwischen Hotelgarten und Strand und bot grelle Aquarelle zum Kauf an. Vermutlich hatte er sie selbst gemalt.

Ohne mit uns zu sprechen, starrte er uns der Reihe nach an.

Als ich dachte, er habe sie selbst gemalt, spürte ich, wie immer, ein Unbehagen. Der unbescheidene Wunsch der Leute, selbst »Kunst« auszuüben, ist pathetisch.

Die Schöpferfreude, oder wie man es nennen soll, hatte sehr viele häßliche Produkte hervorgebracht, auf die man unwillkürlich stoßen und zu denen man Stellung nehmen mußte.

Es kam sogar vor, daß sie fragten, was man von ihren Erzeugnissen hielt.

Dieser Mann tat es nicht. Er wollte nur Geld haben. Das war etwas Konkretes.

Aber jedesmal, wenn jemand vom Strand kam oder dorthin wollte und unverhofft den Pfad kreuzte, hob er eines seiner Bilder mit einer so drohenden Miene hoch, daß der potentielle Käufer zwei Schritte zur Seite sprang und sich auf den Rasen rettete.

Ich schloß aus den Wachen, die um das Hotel patrouillierten, daß es solchen wie ihm streng verboten war, sich im Hotelumkreis zu bewegen.

Im Grunde sollte ich mich von ihm nicht bedroht füh-

len. Selten fühlte ich mich von Männern bedroht. Ich hatte nicht vor, den Pfad zu kreuzen, um zu baden. Und wenn ich es wollte, konnte ich ein paar hundert Meter weiter entfernt zum Strand gehen.
Ich legte die Arme über den Kopf, um ihn heimlich zu beobachten.
Sein Blick ruhte sogar auf mir. Als wüßte er alles über mich. Wüßte von den Münzen und den zusammengerollten Geldscheinen, die ich in der Tasche meiner Shorts hatte.
Eine stumme, rätselhafte Gestalt. Wie eine Sphinx. Stunde um Stunde an der gleichen Stelle.

Ab und zu ruhte sein Blick auf der Frau neben mir. Aber sie nahm anscheinend keine Notiz davon.
Selbstverständlich könnte es sein, daß sie mit Herzklopfen dalag und nicht imstande war, etwas dagegen zu tun. Ich überlegte, ob ich eingreifen sollte, falls sie belästigt wurde.
Wäre Grete dagewesen, hätte ich es mit ihr besprechen können. Sie hätte sicher gesagt: »Beruhige dich! Da kannst du gar nichts machen.«
Und dann hätte ich gedacht, daß sie darüber entschieden mehr wußte.

In der steinernen Aufdringlichkeit des Mannes, dem fast abweisenden Betteln spiegelte sich eine gewisse Verachtung für uns.
Stundenlang diese höhnische Geduld bei den Liegestüh-

len der Reichen, nicht einmal mit einem Strohhut zum Schutz vor der Sonne. In seinem zerschlissenen, aber sauberen Hemd kauernd, wartete er auf einen kleinen Riß in unserem Geiz.
Seine Plastiksandalen saßen wie Saugnäpfe im Sand. Zwei Miesmuscheln, die sich an dieser Stelle festgeheftet hatten, die vielleicht etwas zum Leben abwarf.
Falls Grete dagewesen wäre, wäre ich sicher versucht gewesen zu sagen: »Es sollte verboten sein, eine solche Schmiererei zu verkaufen, auch wenn es zum Überleben dient.«
Sie hätte geseufzt. Wenn sie überhaupt geantwortet hätte, dann wäre es etwa so geworden: »Geh hin und erzähle *ihm*, daß du die Welt verändern willst.«

Am dritten Tag lag die Frau nicht da, als ich kam.
Es entbehrte zwar jeder Logik, aber in dem Augenblick, als ich den leeren Liegestuhl sah, fiel mir ein, daß sie eine häßliche schwarze Plastiktasche bei sich gehabt hatte.
Sie ähnelte den unförmigen, weichen Säcken, die manche vor ihrem Fernseher als Sitzgelegenheit haben.
Die Sphinx war auf dem Pfad hundertfünfzig Meter weiter nach rechts gezogen. Sie war nur eine verkrüppelte, dunkle Silhouette gegen den milchigweißen Himmel.
Ab und zu hob sie die Arme halb hoch, als wollte sie fliegen, überlegte es sich aber im letzten Moment anders, und sie griff statt dessen nach einem ihrer Bilder.
Die billigen Rahmen in grellem Gold sandten Blitze zu mir, wenn Sonnenstrahlen sie trafen.

Um das Gefühl zu vertreiben, mit einer Laserwaffe beschossen zu werden, setzte ich die Brille auf und fing an, in der Biographie des berühmten Arztes zu lesen.

Ich hatte ein Zigarettenpapier zweckentfremdet als Lesezeichen.
Aus naheliegenden Gründen versuchte ich, mir das Rauchen abzugewöhnen. Aber ich hatte immer einen Trost bei mir. Ich brauchte ja niemandem Rechenschaft abzulegen, trotzdem kam ich mir vor wie ein bestraftes Kind, als ich entdeckte, daß der Leim auf dem Einschlag in der feuchten Hitze auf der Buchseite festklebte.
Ich löste das Papier vorsichtig ab, aber ein paar Worte auf Seite 33 gingen mit. Genau da, wo der Arzt erzählt, daß er als Kind einen kleinen geschnitzten Mann in einem Federhalteretui aufbewahrte und daß er den Mann regelmäßig auf dem Dachboden besuchte, wo er das Etui versteckt hatte. Und jedesmal hinterließ er einen ordentlich zusammengerollten, dicht beschriebenen Papierstreifen bei dem Holzmann, damit er auf ihn aufpaßte.
Es sollte da gestanden haben: »In allen schwierigen Situationen, wenn ich etwas angestellt hatte oder meine Empfindsamkeit verletzt worden war oder Vaters Reizbarkeit oder Mutters schlechte Gesundheit mich bedrückte, dachte ich an meinen fürsorglich eingewickelten kleinen Mann ...«
Das Zigarettenpapier hatte mitgerissen »Empfindsamkeit verletzt worden war« – und »schlechte Gesundheit mich bedrückte«.

Die kleine Geschichte bekräftigte, daß berühmte Männer oft das Bedürfnis haben, eine Autobiographie zu schreiben. Wahrscheinlich, um sich selbst und der Welt zu zeigen – daß es das Leben wert gewesen war.
Aber ich hatte keinen Grund, ihn zu verachten, denn die Geschichte interessierte mich, auch wenn wir sicher in jeder Beziehung sehr verschiedene Individuen waren.

Während ich versuchte, trotz der Laserangriffe der Sphinx weiterzulesen, wurde mir klar, daß der Gedanke mich am vorhergehenden Tage unbewußt gestreift haben mußte: Daß die Tasche zu groß für sie war und daß die Flasche Wasser vermutlich warm darin wurde. Ganz zu schweigen von dem Obst, das sie hin und wieder herausholte. Wußte sie nicht, daß man Lebensmittel, die kühl liegen sollten, nicht in einer schwarzen Plastiktasche in der Sonne des Ostens aufbewahren konnte?
Es erinnerte mich an den Spaziergang ins Dschungeldorf. Abfallhaufen mit stinkenden, halbverfaulten Früchten und Essensresten, verstreut aus allerlei Plastiktüten. Zwei, drei Affen fletschten die Zähne, als ich mich näherte. Sie argwöhnten wohl, daß ich ihnen ihr Fressen wegnehmen wollte. Ich machte ein paar gute Bilder von ihnen.
Als ich feststellte, daß ihre Plastiktasche nicht da war, verspürte ich aufs neue diese seltsame Mischung von aufgeheiztem Plastik und verdorbenen Lebensmitteln.
Wäre Grete dagewesen, hätte ich sie direkt fragen kön-

nen: »Du hast mich wie ein Stück bedauerlichen Abfalls gesehen, nicht wahr?«
Das wäre sehr provozierend gewesen, deshalb hätte sie nicht sofort geantwortet.
Ich hätte unbeirrt fortfahren können: »Es wäre dir sicher am liebsten, wenn ich irgendwie verschwinden würde, nicht wahr?«
Und während ich das sagte, würde ich mich an die Schilder an der Strandpromenade erinnern: *Please be aware of jellyfish!*
Ich sah diese riesigen Nesselquallen vor mir, die tatsächlich Menschen töten konnten. Man schwoll an. Bekam man sie um den Hals, konnte man ersticken. Das Gegengift schwächte die Wirkung ab, wenn man schnell behandelt wurde. Aber selbst leichtere Verbrennungen waren sehr schmerzhaft.
Jeden Tag stand auf einer Tafel, wie viele in solche Quallen geschwommen waren. Trotz der Warnungen badeten die Leute im Meer.

An diesem dritten Tag, als die fremde Frau nicht da war, begann sie mich zu beschäftigen.
Besonders um elf Uhr, als ein athletischer Mann in den Dreißigern, mit einem Walkman, den er so laut gestellt hatte, daß ich seinen schlechten Musikgeschmack mit ihm teilen mußte, ihren Liegestuhl in Besitz nahm.
Das heißt, er zog ihn aus dem Schatten und legte sich direkt vor mich hin.
Es war natürlich idiotisch, aber es irritierte mich, daß die

schlanke Dame mit der Plastiktasche nicht auf ihren Liegestuhl aufpassen konnte.

Ich dachte daran, daß sie Khakishorts und ein anständiges Bikinioberteil angehabt hatte und daß sie keinen Laut von sich gegeben hatte. Ich hatte jedenfalls nichts bemerkt.

Jetzt, da sie nicht da war, erinnerte ich mich deutlich, daß sie sich wie eine Eidechse bewegte. Bewegungen, die gefroren, ehe sie richtig ausgeführt waren. Und ein durchdringender, nach innen gewandter Blick.

Ich mußte unwillkürlich an einen toten Körper in einem Gletscher denken. Oder an einen trockenen Ast, bei dem man allerdings weiß, daß die Knospen aufspringen können, falls das Klima sich bessert. Das kann man von den Körpern in den Gletschern nicht mit Sicherheit wissen. Das heißt, man weiß, daß sie es nicht tun werden.

Aber eine Eidechse bricht aus ihrem unsichtbaren Gefängnis aus, ehe man sich's versieht. Befreit sich. Schnappt blitzschnell irgendein unsichtbares Insekt und erstarrt in einer neuen unbeweglichen Stellung. Oder ist spurlos verschwunden.

Während ich überlegte, ob ich den Athleten bitten sollte, seine Spieldose leiser zu stellen, wurde mir klar, daß in den beiden Tagen, als die Eidechsenfrau und ich zusammen unter dem Baum lagen, ich sie nicht ein einziges Mal dabei ertappt hatte, daß sie einen Blick auf mich warf.

Der Mann hatte offensichtlich eine zu helle Haut, um sich auf diese Weise braten zu lassen. Die Schultern und das Gesicht waren bereits gerötet. Eine Oberfläche, die mich an einen Metzgerladen vor Weihnachten denken ließ.

Natürlich ein absolut bösartiger Gedanke, den ich sofort durchschaute.

Ich überlegte, ob ich ihn höflich warnen und ihn vor einer vielleicht schlaflosen Nacht bewahren sollte. Aber ich wollte nicht so tantenhaft wirken.

Die Art, wie er den Körper ausstreckte, schien mir überflüssig und selbstgefällig. Er genoß seinen Anblick unter lächerlich hellen Augenwimpern. Die Haare auf seiner Brust waren im Sonnenschein überhaupt nicht zu sehen, und den struppigen kleinen Bart konnte man nicht einmal mit Suppe bekleckern.

Wenn Grete hier gewesen wäre, hätte ich gesagt: »Er findet sich gewiß hinreißend.«

Natürlich so leise, daß er es nicht gehört hätte, falls er Norwegisch verstand.

Grete hätte mich mit einem neckischen Blick angesehen und geantwortet: »Männer haben auch ihre Bedürfnisse.«

Einen Augenblick wäre ich davon ausgegangen, daß sie sich, wenn auch nicht der gleichen Meinung wie ich, so doch herablassend gegenüber dem Mann verhalten würde.

Aber gerade, während ich mich darüber freute, wäre sie aufgestanden und an der Sphinx vorbei geradewegs ins Wasser gegangen.

Sie hätte sich um die Quallen nicht gekümmert und wäre lange und ausdauernd geschwommen. Dadurch hätte ich

genügend Gelegenheit gehabt, darüber nachzudenken, daß ich etwas Dummes gesagt hatte.
Aber Grete war nicht da. Ich erlaubte mir deshalb, meinen Liegestuhl ein Stück von dem rosa Athleten wegzuziehen. Nur so viel, daß seine Musik etwas weniger ohrenbetäubend wirkte.
Es durchkreuzte eigentlich meine Pläne. Ich hatte den Liegestuhl weiter vom Baum wegziehen wollen, um Sonne auf den Körper zu bekommen und den Kopf im Schatten zu lassen. Aber da wäre ich noch näher gerückt.
Falls die Frau hier gelegen hätte, wäre es kein Problem gewesen. Denn sie hätte sich niemals vor meinem Liegestuhl plaziert.

Ich vermutete, daß der Mann Norweger war. Oder noch schlimmer: Schwede. Er hatte ein weißes T-Shirt ohne Motiv und hellblaue Jeans. Sorgfältig zusammengelegt auf dem Tisch neben dem Liegestuhl. Ja, Schwede.
Die Badehose hatte vorne links ein lächerliches Motiv von einem Segelboot. Der Gedanke streifte mich, daß er, wie er so dalag, kein besonders ins Auge fallendes Geschlechtsorgan besaß.
Es war eine kleinkarierte Beobachtung.
Wir hißten gleichzeitig die gelbe Fahne, um den Kellner von der Hotelbar herbeizurufen. Ich vielleicht kurz vor ihm.
Eine Chinesin kam auf einem Fahrrad mit imponierender Körperkontrolle und soliden Turnschuhen angefegt.
Der rosa Athlet bestellte mit so leiser Stimme, daß ich

nicht hören konnte, ob Englisch seine Muttersprache war. Er erwiderte ihr Lächeln nicht. Er flirtete auch nicht.
Ich dachte, daß er sicher ein sportlicher Naturmensch war, der es nicht der Mühe wert fand.
Als ich an der Reihe war, bestellte ich lächelnd eine große Flasche Mineralwasser. Ich bereute es unmittelbar, weil mir klar wurde, daß ich es vor dem Lunch nicht mehr schaffen würde, sie auszutrinken.
Anstatt die Bestellung rückgängig zu machen, bat ich zusätzlich um eine Schüssel Salat.
Da merkte ich, daß er mich beobachtete.

Es waren kaum fünf Minuten vergangen, als die Chinesin auf Gummirädern wieder angefegt kam, das Tablett über dem Kopf. Sie hinterließ deutliche Spuren im Gras, aber servierte nett und elegant.
Der rosa Athlet trank mit kontrollierten Schlucken, während er über das Meer schaute.
Der Segler, der sein Meer betrachtet, dachte ich.
Er hatte dicke Lippen und eine kräftige Nase. Die Hände und Füße waren groß und die Bewegungen linkisch. Das paßte nicht zu der Art, wie er Hose und Hemd zusammenlegte. Als wäre er als Kind bestraft worden, wenn er nicht sorgsam mit seinen Kleidern umging.
Bei der Eidechsenfrau hatte ich das Gefühl, daß sie keine Kindheit gehabt hatte. Vielleicht nicht geschlechtsbezogen. Aber ich war nicht sicher. Ihre Weiblichkeit war, wie sollte ich es nennen? Unbekümmert? Einfach? Nein,

frei! Ganz anders als zum Beispiel bei der radelnden, soliden Chinesin. Oder bei der malaysischen Bedienung in der Hotelbar mit dem künstlich negroiden Haar, das wie ein Busch auf dem Kopf saß.
Alle drei hatten schmale Hüften. Da lag der Unterschied nicht. Zwei schwach gebogene Paranthesen in der Verlängerung des Rückens. Wie eine Blume, der Blütenstempel versteckt unter Kronblättern.
Die eine ohne Farbe, die andere geschaffen für Bewegungen, die dritte ein prächtiger Blickfang.
Ich dachte, ihre Augen seien wie Staubgefäße.
Bei der Khakifrau in der Art des gnadenlosen, erstarrten Blicks der Eidechse. Bei der Chinesin zwei dunkle Schlitze voller Energie. Bei der Malaysierin zwei feuchte Augen, die ihre Persönlichkeit in angelernter Freundlichkeit ausschalteten.
Kein Zweifel, von welcher eine Biene am ehesten angezogen würde. Der Malaysierin! Ich hatte sie vor den Gästen knien sehen, mit Gläsern auf einem glänzenden Tablett, mit Servietten in der Hand und Blumen an der Borte ihres Kleides. »Moca Bibi«, kleine rote – oder »Frengipani«, weiße, zarte, lilienartige. Die weißen dufteten süß und rieselten von den Bäumen beim Hotel.
Aber ich war keine Biene.
Zwei Tage hatte die Eidechsenfrau ruhig auf ihrem Liegestuhl gelegen.
Ich konnte mir nicht vorstellen, daß sie jemals gekniet hatte. Nicht einmal, wenn sie etwas holen mußte, das unter den Liegestuhl gerollt war. Ich war nicht sicher, ob

sie sich überhaupt die Mühe machte, Dinge zu holen, die unter die Möbel gerollt waren.
Der rosa Athlet erhob sich und ging zum Strand.
Als er außer Sichtweite war, erinnerte ich mich, daß die Eidechsenfrau in einem Buch mit gelblicher Titelseite und Ornamenten um ein diffuses Gesicht gelesen hatte. Nicht ein einziges Mal hatte sie etwas von der Bar bestellt. Hatte nur die Hand in die häßliche schwarze Plastiktasche gleiten lassen und eine Wasserflasche mit Schraubverschluß und schwachen Luftblasen herausgezogen. Ohne den Blick vom Buch zu wenden, schraubte sie den Verschluß ab und trank. Lautlos.
Indem ich den leeren Liegestuhl betrachtete, begriff ich, daß sie ganz gefesselt gewesen war von dem, was sie las. Eine Locke ihres hellbraunen Haares verirrte sich auf ihre Wange. Sie blies sie fort. Formte den Mund wie zu einem Pfifferling im Sonnenschein.
Ich hätte es besser gefunden, wenn sie zwei Finger benutzt hätte, um die Haarlocke zu entfernen. Der Gedanke, daß sie die Haare einfach fortblies, schuf einen zitternden Leerraum, den ich nicht erklären konnte. Eine gewisse Hoffnungslosigkeit. Wie wenn man auf einen Bus wartet, ohne den Fahrplan zu kennen.
Wenn Grete hier gewesen wäre, hätte ich es ihr nicht erklären können. Ich hätte etwa sagen können: »Ich finde, sie benimmt sich sehr unweiblich.«
Und Grete hätte irritiert gesagt: »Wieso denn?«
Da wären wir wieder so weit wie vorher. Es war mir unmöglich, Grete zu erklären, daß es weiblicher war, eine

Haarlocke mit zwei Fingern wegzustreichen als sie wegzublasen. Im besten Fall hätte ich uns in einen Streit über Weiblichkeit verwickelt.

Später, abends im Zimmer, nahm ich mir viel Zeit, um darüber nachzudenken, wie gut es mir ging. Besonders, wenn ich nicht vergaß, die Medizin zu nehmen.
Kein anderer als ich bestimmte die Routine.
Begeistert über diese Freiheit, wollte ich einige Restaurants inspizieren, bevor ich mich niederließ. Zuerst im Hotel.
Im chinesischen Restaurant war fast kein Mensch. Im Restaurant am Schwimmbecken schien es einfach zu sein, sich hinzusetzen, aber aus irgendeinem Grund vermochte ich es nicht.
Ich ertappte mich bei dem Gedanken, was Grete gesagt hätte, wenn wir so in den Restaurants ein und aus gegangen wären, ohne uns zu entschließen.
»Wir können uns ja etwas aufs Zimmer bringen lassen«, hätte sie gesagt.
Nicht besonders spöttisch. Eher etwas trocken.
»Nein, natürlich nicht! Bleiben wir hier!« hätte ich geantwortet.
Aber Grete war nicht da. Ich war da. Und die feuchte Luft und die Dunkelheit.

Es hatte angefangen zu regnen. Schultern und Haare waren bereits naß. Da entdeckte ich die Eidechsenfrau. In einem der kleinen Straßenlokale auf einem kleinen

Podium mit Blechdach. Sie saß auf einem Hocker an einem Tisch, der aus einem Ölfaß mit darüberliegender Platte bestand.
Ich reagierte erstaunlich emotional, als ich sie sah. Der Regen war hier bedrohlicher als unter freiem Himmel. Es hörte sich so an, als werfe jemand Steine auf das Wellblechdach.
Sie sah hier anders aus. War selbstverständlich nicht in Shorts und Bikinioberteil, sondern hatte ein Kleid mit halblangen Ärmeln und einem braven Ausschnitt an. Bei der schlechten Beleuchtung konnte ich nur vermuten, daß es grün war.
Sie sah nicht auf. Konzentrierte sich auf das Essen, das sie mit Messer und Gabel von einem Bananenpalmenblatt aß. Ich sah sie im Profil, abwechselnd starrte sie auf die fleckige Bretterwand und auf das Essen.
Hinter der Wand befand sich deutlich eine Toilette. Nachdem ich den einzigen freien Tisch mit meiner Jacke belegt hatte, ging ich dort hinein, um das Nötige zu erledigen.
Ich fand dort ein zementiertes Loch im Fußboden vor, ein halbes Ölfaß mit Wasser und eine Schöpfkelle. Hinter einer nicht isolierten Wand hörte man ein lebhaftes Durcheinander von Blechschüsseln und Stimmen. Einen Spiegel gab es hier nicht. Mir fiel ein, daß ich ein verschmutztes Exemplar über einem Handwaschbecken vor der Tür gesehen hatte.
Sie würde mich wahrscheinlich sehen, wenn ich herauskam. Würde es irgendeine Wirkung auf mich haben?

Während ich einigermaßen schnell zur Tür hinausging, wandte ich den Blick so, daß ich sehen konnte, ob sie mich bemerkte. Aber sie hatte den Stuhl gewechselt und saß mit dem Rücken zu mir.
Ich konnte es nicht lassen zu überlegen, ob sie den Platz gewechselt hatte, weil ich aus der Toilette kommen würde.
Ein hübscher indischer Bursche servierte Bier direkt aus der Dose. Ich bestellte Hähnchen in Curry und Reis.

Ihr Rücken war schmal. Sie hatte keine besonders gute Haltung.
Das Kleid war wirklich *grün*. Das glatte Haar mit der unbestimmten Farbe reichte ihr bis zu den Schultern. Eine einsame Glühbirne baumelte leicht über ihrem Kopf.
Ab und zu hob sie die linke Hand und fuhr damit über den Nacken. Die Haare wurden zur Seite geschoben und entblößten die Haut. Der Rückenausschnitt war überraschend tief.
Es war paradox, wie nackt sie in der Dunkelheit mit der entblößten Haut wirkte, im Vergleich zum Garten mit dem vollen Tageslicht. Die Vertiefung zwischen den Schulterblättern sah fast unanständig aus.
Als wüßte sie, was ich dachte, legte sie die Hand auf den Tisch. Da glitten die Haare über die Vertiefung und verbargen die Frau.
Ich dachte daran, daß ich, ehe ich Grete traf, keine klare Vorstellung davon hatte, was Frauen im einzelnen anziehend machte.

Falls sie hier gewesen wäre, hätte ich sagen können: »Seltsam, daß sie so nackt aussieht ... Im Tageslicht wirkt sie angezogen beinahe albern.«
Grete hätte zweifellos geantwortet: »Ja, du bringst mich noch dazu, es zu glauben.«
Da hätte ich gewußt, daß es mir gelungen war, sie zu irritieren. Das war natürlich kein Ziel. Aber es war oft so gewesen. Wie in einem Spiel für zwei. Einer mußte verlieren. Warum sollte ich das sein?
Ehe ich krank wurde, war jeder Konflikt zwischen Grete und mir mein Konflikt. Nicht die Krankheit änderte es, sondern die Tatsache, daß ich nicht mehr soviel zu verlieren hatte.

Die Regentropfen waren nicht mehr wie Steine auf dem Dach. Es waren Hammerschläge.
Wahrscheinlich wäre es nicht mehr möglich gewesen, ein Gespräch zu führen, wenn es jemand versucht hätte. Ich meine – falls ich mich zu ihr gebeugt und den Regen erwähnt hätte. Es wäre nur lästig für sie gewesen, wenn sie nicht hätte verstehen können, was ich sagte.
Als ich mit dem Essen fertig war, hatte ich keinen Grund, sitzen zu bleiben. Andererseits: Sie blieb auch sitzen, obwohl sie vor mir fertig gewesen war. Außerdem regnete es.
Der dritte Gast, ein alter Mann in Leinenhosen und mit Strohhut, den er tief ins Gesicht gezogen hatte, erhob sich. Deutlich ein Stammgast, denn er nickte dem Burschen, der bediente, freundlich zu, legte eine Zeitung auf

seinen Kopf und ging, ohne zu bezahlen. Regen und Dunkelheit verschluckten ihn.

Sie hatte die schwarze Plastiktasche nicht bei sich. Ich konnte nicht sehen, ob sie überhaupt eine Tasche mithatte. Wo hatte sie ihr Geld? Trug sie vielleicht einen lächerlichen Leinenbeutel auf der Brust? Wie ihn Interrailreisende oder ängstliche Gruppentouristen benutzen? Während ich rätselte, was Grete gesagt haben würde, wenn ich sie gefragt hätte, gerade da drehte sich die Eidechsenfrau um und sagte etwas zu mir. Ich bekam nicht mit, was.

Es trommelte ohrenbetäubend auf das Dach. Ich erholte mich von der Überraschung und beugte mich näher zu ihr hin. Sie sah mich fragend an.

Ihre Nase war ein wenig schief.

»Wie bitte?« sagte ich.

»Haben Sie einen Regenschirm?« fragte sie ernst.

Ich dachte, sie müßte es eigentlich wissen, daß ich keinen hatte, denn sie hatte mich kommen sehen.

»Leider nicht.«

Ich glaube bestimmt, daß ich sagte: Leider nicht.

Sie nickte und drehte sich wieder zur Straße um.

Einige Autos fuhren vorbei. Der Dreck spritzte gefährlich nahe bis zu dem Platz, wo sie saß.

Ich wollte sie eigentlich davor warnen, daß sie mich körperlich erregte, deshalb sprach ich sehr laut, als ich aufstand.

»Ich kann Ihnen meine Jacke leihen!«

Sie fuhr zusammen. Dann schüttelte sie energisch den Kopf.
»Sie werden naß«, sagte sie, ohne sich umzudrehen.
Wie ein Stromstoß biß sich ein Satz von Seite 52 in dem Buch fest: »... Gott hatte die Natur abgesetzt, so wie er mich abgesetzt hatte ...«
Es gab keinen Zusammenhang zwischen ihrer Äußerung und meinen Gedanken. Trotzdem war es so.
Ich setzte mich wieder auf meinen Stuhl. Er war etwas wackelig. Wir saßen noch ein paar Minuten. Vielleicht nur einige Sekunden. Ich dachte, daß ich sie fragen könnte, ob sie etwas dagegen hätte, wenn ich den Burschen bat, ein Taxi für uns zu bestellen.
Da erhob sie sich rasch, ging zwei Schritte bis an die Bürgersteigkante und verschwand in der Dunkelheit.

Ich wollte hinterherstürzen. Mental war ich bereits unterwegs. Aber ich hatte noch nicht bezahlt. Mußte einen Schein geben und auf das Wechselgeld warten. Das kostete Zeit. Währenddessen spürte ich an mir, daß sie bereits durchnäßt war.
Ein gewaltiger Blitz ließ die Bäume unheimlich grün erscheinen. Es blitzte ununterbrochen, und ich dachte daran, daß sie noch nicht bis zum Hotel gekommen war. Sie ging allein dort draußen in dem wilden weißen Licht.
Es war zehn Minuten vor zehn.
Als ich das nächste Mal auf die Uhr schaute, war es drei Minuten nach zehn. Da war sie ins Haus gekommen.

Ich zahlte und gab reichlich Trinkgeld. Der Bursche strahlte und zauberte einen kaputten Regenschirm hervor, den ich höflich annahm und ging. Der Curry brannte im Mund.

Die Autos fuhren über den dreckigen Asphalt wie riesige Teigschaber.

Ich weiß nicht, ob es die Worte von Seite 52 in dem Buch oder die Geräusche der Teigschaber waren, aber ich wurde in eine Reihe von Gedanken hineingeführt, in der jeder Gedanke in sich destruktiv war und einen neuen destruktiven Gedanken gebar. Anscheinend ohne daß sie etwas miteinander zu tun hatten.

Die Sommersonntage der Kinderzeit. Regenwetter.

Es war ungerecht, denn es regnete keineswegs immer.

Dann kam der Gedanke an Grete, falls sie jetzt an meiner Seite gegangen wäre.

»Ich habe gesagt, daß wir warten sollten, bis es aufhört zu regnen«, hätte sie gesagt.

Und ich hätte geantwortet, daß es noch Stunden dauern könnte.

Sie würde fortgefahren haben, wir hätten ein Taxi nehmen können. Ich hätte einen müden Drang gespürt, mich zu verteidigen, und gesagt, daß es bei dem jungen Inder unter dem Blechdach wahrscheinlich gar kein Telefon gab.

Sie hätte augenblicklich pariert, nicht aggressiv, nur ein bißchen säuerlich, daß wir ja gar nicht gefragt hatten.

Mit dieser Gedankenreihe mußte ich Schluß machen, deshalb nahm ich mich zusammen und beobachtete die

Blitze, die in regelmäßigen Abständen aufleuchteten. Es löste eine gewisse leere Zufriedenheit aus – etwas zu beobachten, weswegen ich nicht gerügt werden konnte oder woran ich nichts ändern konnte.
Es regnete nicht. Es goß in Strömen.
Es stand geschrieben, daß Gott während der Schöpfung das Wasser von dem Trockenen schied, um fertig zu werden und am siebenten Tag zu ruhen. Es war schon merkwürdig, daß diese Zeitberechnung in einzelnen Kreisen noch wörtlich genommen wurde. In einem solchen Fall mußte man doch sehen, daß er noch nicht fertig war.

Ich versuchte sogar zu lachen, wurde aber von Selbstmitleid übermannt, weil ich niemanden hatte, mit dem ich zusammen lachen konnte.
Um im nächsten Augenblick eine makabere Freude zu empfinden, weil Grete nicht da war. Sie hätte nicht verstanden, daß es da etwas zu lachen gab.
Es wäre ungerecht zu glauben, daß es an Grete lag. Die plausibelste Erklärung war, daß es mir an Humor fehlte.
Grete sagte immer, daß ich nie lachte.
»Fast nie«, fügte sie meist hinzu.
In der Zeit, als es aktuell war, wußte ich sehr wohl, worüber Grete lachte. Aber mir fielen die richtigen Worte zu spät ein. Erst wenn sie lange darauf gewartet hatte, daß ich etwas Lustiges sagen würde, sagte sie es selbst. Es hatte oft mit mir zu tun. Oder mit etwas, worüber ich niemals gelacht hätte.
Der Gedanke, daß es mir wahrscheinlich nie gelungen

war, Grete etwas Humor zu vermitteln, war deprimierend. Wir hatten uns trotz allem jahrelang gekannt.
Ich mußte an all die Tage, Stunden und Minuten denken, die wir einander gekannt hatten. Und mir wurde leicht schwindelig, als mir aufging, daß die vielen kleinen Zeitelemente schließlich zu Jahren wurden. Ja, zum größten Teil meines Erwachsenenlebens.

Der kaputte Regenschirm war lästig, deshalb klappte ich ihn pflichtschuldigst zusammen und legte ihn an den schmutzigen Straßenrand.
Dann stand ich in kindlichem Trotz da und betrachtete Gottes schöpferischen Augenblick. Den Blitz!
Die Bäume standen in dem Flutlicht und tranken. Die Orchideen und das Gras tranken! Ich spürte, daß der phantastische Anblick mich überhaupt nicht berührte. Es gab keinen direkten Zusammenhang zwischen dem, was ich sah, und dem, was ich dachte. Denn ich dachte, ob Grete in den sechs Monaten, die ich im Krankenhaus verbrachte, wirklich die ganze Zeit gelacht hatte?
Und wenn sie es tat: Um alles andere aufzuwiegen? Alle religiösen und moralischen Gebote über die Liebe. Seine Eltern, seine Feinde, seinen Nächsten zu lieben. Die kranke Geliebte zu lieben?
Ich überlegte auch, ob die Autobiographie des berühmten Arztes mich auf solche Ideen brachte. Und falls ja, auf welcher Seite hatte es gestanden?

Während ich die Seiten, die mich beeindruckt hatten, ohne Resultat durchging, kam mir ein anderer Gedanke.

Wo hatte ich das Gebot, daß man seine Eltern und Feinde lieben sollte, zum ersten Mal gehört? In der Sonntagsschule? Möglicherweise in der Schule? Zu Hause jedenfalls nicht.

Dort hatte niemand davon gesprochen, daß man lieben sollte. Lieben war ein literarischer, biblischer Begriff, der bei den Zehn Geboten und Gott einzuordnen war. Etwas, das man auswendig lernen mußte, um ein tüchtiger Schüler zu sein. Man sagte es nur, wenn man jemandem beweisen wollte, daß man etwas konnte.

Ich war tüchtig in der Schule.

Grete hingegen sprach oft davon, daß sie irgend etwas »liebte«. Menschen betraf es nicht so oft. Aber sie liebte vieles. Winzig kleine, für mich unwesentliche Dinge. Perlmuttknöpfe. Und daß die Leute etwas »klar und knapp«, wie sie sagte, formulierten. Oder Hunde, die sie zufällig streichelte.

Lange Zeit rührte es mich. Ich kann mich nicht mehr erinnern, wann es sich änderte. Es muß vor der Krankheit gewesen sein.

Wenn sie mich im Krankenhaus besuchte, erzählte sie mit lauter Stimme von allem, was sie gerade an diesem Tag liebte. Alles, was sie liebte, befand sich außerhalb des Raumes – vor den Fenstern.

Es war natürlich ungerecht von mir, daß es mir mißfiel.

In einer Institution gab es ja wenig, worauf man seine Liebe richten konnte.
»Das Leben muß weitergehen«, sagte sie immer, wenn sie bei mir saß.
Bei solchen Aussprüchen hatte ich das Gefühl dahinzuwelken. Aber ich erwähnte es nie. Glücklicherweise.
Lange Zeit glaubte ich, eingeweiht zu sein, weil sie mir von ihrer Liebe zu den kleinen Dingen erzählte.
Als sie zum ersten Mal in meiner spartanischen Wohnung übernachtete, sagte sie: »Ich liebe es, in einem Bad mit Fliesen und massenhaft warmem Wasser zu stehen!«
Mein Bad hatte eine Wandverkleidung aus Plastikfliesen und eine alte Mischbatterie, die einen abwechselnd verbrühte oder zu Eis erstarren ließ.
Ihre Worte machten mich unsicher und kränkten mich, so daß ich anfing zu lachen.
Sie lachte nicht. Bereits da hätte ich erkennen müssen, daß ich nicht eingeweiht war.

Als ich das Hotel erreichte, versuchte ich, darüber zu lachen, daß Gott es bis dato nicht geschafft hatte, das Wasser von der festen Materie zu scheiden.
Aber ich machte mir sofort Vorwürfe, daß ich die Eidechsenfrau durch das Unwetter hatte gehen lassen.
Wäre es vor meiner Bekanntschaft mit Grete gewesen, wäre ich wahrscheinlich nicht darauf gekommen, daß es ein Fehler von mir war.
Während ich auf den Schlüssel wartete, sah ich den rosa Athleten an einem der Tische. In sauberem Hemd und

hellblauen Jeans. Das Haar wirkte hier drinnen in dem künstlichen Licht nicht so dünn. Die Haut war auch nicht so rosa.
Er saß allein, hielt ein halbvolles Bierglas umfaßt und betrachtete die Sängerin auf dem Podium. Die Art, wie er den Nacken beugte, verriet ihn. Die Einsamkeit.
Ich hätte natürlich zu ihm hingehen und fragen können, ob ich mich an seinen Tisch setzen dürfe, denn die Bar war bei dem Regenwetter voll besetzt. Aber ich hatte bereits nach dem Schlüssel gefragt. Außerdem war ich naß.

Im Zimmer zog ich mir die nassen Kleider vom Leib und legte sie über die Badewanne. Es tropfte auf die Fliesen. Aus den Pfützen bildeten sich richtige kleine Bäche, die unter die Badewanne flossen und irgendwo im Abfluß verschwanden. Die Schwerkraft nahm alles mit, was leicht genug war, um auf der Wasseroberfläche zu schwimmen. Winzig kleine Staubkörner, Haare, die ausgefallen waren, ein Insekt, tot oder lebendig. Alles sammelte sich in einem kleinen Fluß auf dem Weg zum Abgrund. Nicht gewaltsam oder dramatisch. Nur mit einer schwach fließenden Bewegung.
So ist es, mit allem, dachte ich. Genau so.

Ich ließ frisches Wasser in den elektrischen Wasserkessel laufen und schüttete Schokoladenpulver in eine Tasse. Zwölf kleine Tüten wurden mir jeden Tag auf ein Tablett gelegt. Von jeder Sorte vier: Kaffee, Tee und Schokolade. Ich goß das kochendheiße Wasser auf das Pulver, das leicht schäumte. Der Geruch erinnerte mich einen Augenblick an den Kakao bei den Weihnachtsfesten in meiner Kindheit. Kochend heiß. Weihnachtsfeste waren ein brennender Schmerz auf der Zunge.

Ich wollte mich auf die Terrasse setzen und die Schokolade dort trinken. In dem hellgrünen Bademantel, der zum Service des Hotels gehörte. Für mich war er ein bißchen zu kurz.
Als ich die Glastür öffnete, schlug eine andere Welt in den kühlen Raum. Feucht, heiß, klamm.
Ich ging hinaus, aber gleichzeitig hinein. In ein Treibhaus. Ein Dasein vor der Geburt? Eingeschlossen in die feuchte Sicherheit der Gebärmutter. Ohne reelle Wahl oder Möglichkeit zu entkommen. Ohne die Fähigkeit zu wünschen, daß man entkam. Wünschen?
Blitze erhellten fortwährend den Hotelgarten. Der Regen hörte sich an, als unterhielten die Bäume sich flüsternd, während sie kleine Vögel, Insekten, Eidechsen und anderes Getier in ihren Ecken und Winkeln versteckten. Getier, von dem ich nicht einmal den Namen wußte, lebte da drinnen in einer Undurchdringlichkeit aus Chlorophyll.

Wünschen? Es gab eine Stelle über Wünsche in der Autobiographie des berühmten Arztes. Aber ich konnte mich nicht mehr erinnern, auf welcher Seite. Ich hätte wegen des Buches hineingehen können. Aber ich tat es nicht.

Es hatte nicht viele Wünsche in meinem Leben gegeben. Mehr Sehnsüchte. Mit Wünschen kann man etwas machen, aber Sehnsüchte können wie eine Tüte Kräuter in einer Schublade liegen. Jedesmal, wenn man die Schublade öffnet, ist das Aroma da. Nur allmählich wird der Duft verschwinden. Und wenn man eines Tages die Schublade öffnet und der Duft ist verschwunden, wird man ihn nicht einmal vermissen.
Wünsche dagegen!
Ich kann mich nicht erinnern, daß jemals davon die Rede war, daß ich mir etwas wünschen sollte. Auch nicht, als ich ein Kind war. Da schon gar nicht. Natürlich hätte ich aus eigenem Antrieb einen Wunsch haben können. Zum Beispiel, Lehrerin zu werden.
Habe ich deshalb die Ausbildung gemacht? Ich dachte an den Geruch von Kreide und altem Papier. Endlose Vormittage zwischen erwachsener, verbalisierter Leere und kindlicher, undefinierbarer Angst.
Vermißte ich es? Das ständige Unterbrechen eines jeglichen fruchtbaren Gedankens oder einer frohen Ergriffenheit durch die Schulglocke. Die Sirene, die Veränderung und Aufbruch ankündigte. Zu was? Zu gellenden Stimmen und kämpfenden Körpern?
Und danach: Keinerlei Veränderung wahrzunehmen, nur ein blindes Zurück zum Ausgangspunkt.
Wer kann sich so etwas wünschen?
Und Grete? Habe ich mir sie gewünscht? Anfangs glaubte ich, daß sie sich mich wünschte.
Als ich sie erst hatte, ging es darum, sie zu behalten. Eine

Art sportlicher Wettbewerb. Ich mochte nicht verlieren. Nicht in irgend jemandes Augen. Nicht einmal in meinen eigenen. Überhaupt nicht in meinen. Das Unmögliche war, daß ich sie auch nicht verlieren lassen konnte. Verlust? Ich konnte keine vernünftige Definition von dem Begriff geben. Wahrscheinlich war es ein Verlust, ein halbes Jahr in einer Heilanstalt zu verbringen. Aber ich war geborgen.

Ich überlegte, ob das Gefühl von Verlust daher kam, daß er mich von Grete trennte. Oder kam es daher, daß ich da drinnen mein eigener Gefangener war?

Der Freiheit beraubt zu werden, selbst zu entscheiden, war das der eigentliche Verlust?

Wenn der Blitz mich erschlug, war es die einfachste Art allen Verlustes, den ich gerade jetzt erleben könnte.

Wahrscheinlich würde er zuerst den Kopf treffen und das Gehirn zerstören. Der Körper würde langsam in den Sessel gleiten und erstarren. Einfach sitzen bleiben. Bis zum Morgen. Vielleicht noch länger.

Falls das Zimmermädchen glaubte, daß ich lange schlafen wollte, aber vergessen hatte, das Schild »Bitte nicht stören« draußen an die Tür zu hängen, würde sie bis weit in den Tag hinein keinen Alarm schlagen.

Aber bereits um drei Uhr nachts würde es aufhören zu regnen. Später würde das Licht kommen. Nicht langsam wie zu Hause. Sondern wie ein gnadenloser Schock. Schock für wen? Ich würde ja nur dasitzen.

Seltsam. Die Vögel würden auf die Terrasse kommen,

weil sie sich bereits an ein paar Krümel gewöhnt hatten, wenn ich da draußen frühstückte. Sie würden meine kalten Zehen immer wieder umkreisen. Schließlich würden sie auf mir herumklettern.
Die Krähen würden begreifen, daß ich nur ein Aas war, und mich immer näher umkreisen, um zuletzt zum Angriff auf meine erstarrten Augäpfel überzugehen.

Während ich in dem Plastiksessel saß und meine Schokolade trank, wurde mir klar, daß ich angefangen hatte zu weinen. Zu meiner Verwunderung fuhr ich fort zu weinen, auch als ich an konkrete und für mich unwesentliche Dinge dachte. Zum Beispiel, hinter welchem Fenster die Eidechsenfrau wohl wohnte.
Grete war nicht hier. Sie würde geradeheraus gesagt haben: »Dein Selbstmitleid ist nicht erfreulich. Denk lieber daran, daß das Leben ein Geschenk ist!«
Genau da erinnerte ich mich an Seite 167 unten und Seite 168 oben, wo der berühmte Mann schrieb: »Vermutlich, dachte ich, dreht es sich um ›die Seele‹ im primitiven Sinn, und ich fragte mich, warum die Seele immer als *anima* bezeichnet worden ist. Warum stellte man sich etwas Weibliches unter ihr vor?«
Ich machte die Frage des berühmten Arztes zu meiner eigenen, als ich da saß.
Grete hatte vielleicht das Weibliche bei mir nie gemocht.

Am nächsten Morgen stand ich zeitig auf. Ich hatte schlecht geschlafen und konnte mich nicht richtig erinnern, was ich geträumt hatte.
Das heißt, ich erinnerte mich, daß ich allein auf einem Berggipfel stand und unendlich weit sehen konnte. Da fing der Berg an, mit meiner Stimme mit mir zu reden: »Ich kann mich an meine Träume erinnern, also lebe ich.«

Ich lieh mir ein Auto mit Klimaanlage. Wahrscheinlich in einem Einfall, wirklich etwas zu wollen oder zu wünschen, nahm ich auch die Medizin zum richtigen Zeitpunkt und dachte an den Führerschein und die Flasche Wasser.
Ich hatte von der Schmetterlingsfarm gelesen.
Insekten gehörten nicht zu meinen speziellen Interessen. Ich hatte nie ein besonderes Vergnügen darin gesehen, Schmetterlinge mit Stecknadeln aufzuspießen! Eigentlich verachtete ich dergleichen. Wenn man das Wort verachten für eine so unbedeutende, emotionale Sache benutzen darf.
Ich fand ohne Schwierigkeiten dorthin. Ein Bus parkte am Eingang. Die Leute gingen im Gänsemarsch in das niedrige Haus.
Ich wartete, bis die Schlange verschwunden war.
Nicht, daß ich es nicht mochte, in einer Schlange zu stehen.
Ich hatte mich immer für geduldig gehalten. Hatte eigentlich positive Gedanken, wenn ich stand oder mich

langsam vorwärtsbewegte, ohne mich darum kümmern zu müssen, wo es langging.
Aber heute berührte mich der Gedanke unangenehm. Es war wohl diese Idee, einen Wunsch zu hegen, der die Selbstverständlichkeit, einer Schlange zu folgen, zunichte machte.

Netze hielten die Schmetterlinge in einem Gefängnis aus Blumen, Bäumen und Schlingpflanzen, Springbrunnen und romantischen Pfaden. Ich betrachtete die Arten und Farben, ohne eigentlich Freude dabei zu empfinden.
Aber es war ein schattiger Ort.
Am Ausgang gab es einen Laden mit den unglaublichsten Dingen. Tote Schmetterlinge, eingeschweißt in Plastik. Als Lesezeichen, um mit den Einnahmen neue lebendige Schmetterlinge für das Netzgefängnis zu kaufen.
Und Holzschuhe! Mit schillernden Perlen verziert, die nicht schöner dadurch wurden, daß ein Schild verkündete, es sei Handarbeit.
Wäre Grete hier gewesen, hätte sie wohl gesagt: »Es ist eine Unsitte, irgendwo anders hinzugehen, nur um das Ganze hinterher in Grund und Boden zu verurteilen.«
Ich kam mit einem großen gelben Regenschirm heraus, der mit leuchtenden Schmetterlingen bemalt war.

Während ich den Autoschlüssel suchte, sah ich sie zum Bus gehen. Die Eidechsenfrau!
Als sie einsteigen wollte, ging ich ihr nach, um zu sagen:

»Wollen Sie vielleicht mit mir im Auto fahren?« Aber der Rest der Reisegesellschaft drängte nach, und sie drehte sich nicht um. Ich begriff, daß ich nichts sagen würde. Ich hätte rufen können. Aber tat es nicht. Man ruft einem Menschen nichts zu, der mitten in einer Schlange steht, wenn man seinen Namen nicht weiß.
Ich sah, daß sie sich ans Fenster setzte. Durch das beschlagene Glas wirkte ihr Gesicht blaß und etwas müde. Ein Tropfen lief die Scheibe herunter und halbierte sie. Ich glaubte, daß ich die Hand hob. Aber ich war nicht ganz sicher. Es ging so schnell. Sie fuhren fort.
Nach einer Weile merkte ich, daß ich den Regenschirm aufgespannt hatte und den Himmel durch Schmetterlinge und zitronengelbes Nylon betrachtete.

Ohne Grund erinnerte ich mich an etwas, das in der *New Straits Times* stand, die man mir morgens unter die Tür geschoben hatte. Eine Stellenanzeige für Norske Veritas. Unglaublich, daß eine norwegische Firma, hier auf der anderen Seite der Erdkugel, eine Annonce aufgab, hatte ich gedacht. Es wurde mir klar, daß ich an Norwegen oder Norwegisch nicht mehr als etwas Wirkliches dachte. Dennoch, hier, mitten in dem Zitronengelb, verstand ich, daß es möglich war, sich genau für diesen Job zu bewerben. Aber ich erinnere mich nicht mehr, welche Qualifikation verlangt wurde.
Während ich so dastand, fiel mir ein, daß ich auch gelesen hatte, es habe in den ersten drei Monaten des Jahres 44 Fälle von Cholera gegeben. Es war recht ungemütlich,

an die Ansteckungsgefahr zu denken. Jetzt fing ich auch noch an, mich damit herumzuschlagen, daß ich mich nicht an die Namen der Krankheiten erinnerte, gegen die ich geimpft war.

Und während ich versuchte, mich von einer aufsteigenden Angst abzulenken, sah ich ein Bild von der ersten Seite der Zeitung vor mir. Clint Eastwood in Farbe, umgeben von vielen schönen, gesunden Frauen. Er hatte einen Oscar bekommen.

Es waren die gleichen Dinge, die zu Hause in den Zeitungen standen. Aufgemacht als lebenswichtige Neuigkeiten. Abgesehen von der Cholera. Bei uns stand etwas von Männern mit Herzkrankheiten. Das war natürlich nicht ansteckend. Aber der Ausgang konnte der gleiche sein.

Bei uns schrieben sie nie etwas von Cholera. Es hätte jedenfalls Katastrophenalarm ausgelöst. Seltsamer Gedanke.

Es war nicht logisch, aber als ich unter dem gelben Regenschirm stand, dachte ich daran, daß das farbige Bild in der Zeitung ein Schamgefühl bei mir geweckt hatte. Gleichzeitig lag ein gewisser Trost darin. In dem Bild.

Es kam gelegentlich vor, daß anscheinend unwesentliche Dinge, die mit meiner Person überhaupt nichts zu tun hatten, ein starkes Schamgefühl bei mir weckten.

Falls mir dieses Etwas plötzlich in den Weg kam, löste es so starke Reaktionen aus, daß ich nicht mehr sprechen konnte. Es stellte sich eine Art mentale Lähmung ein.

Es war, als sähe man meine intimsten Tätigkeiten in

einem Fernglas. Grete und mich zum Beispiel. Es nützte nichts, daß ich mir selbst sagte, daß nur ich Zugang zu diesem Fernglas hatte.
Das Schamgefühl konnte stundenlang verborgen bleiben, um mit voller Stärke aufzutauchen, wenn etwas Ähnliches wieder geschah.
Ganz unten auf der Seite stand eine Notiz, daß ein Dichter wegen Gotteslästerung verurteilt worden war. Die Strafe bestand darin, zwei Monate die Straße zu fegen. Er sollte mit einem Plakat gehen, auf dem sein Verbrechen zu lesen war. Aber sein Leben war gerettet.

Es ging mir durch den Kopf, daß ich diese Gedanken nie gehabt hätte, wenn ich mit der Eidechsenfrau gesprochen hätte und sie mit mir gefahren wäre.
Ich machte den Regenschirm zu und legte ihn auf den Rücksitz. Er hatte einen langen Schaft und war insgesamt groß. Zu groß für Flugreisen. Ich schob das Problem vor mir her. Im Auto war Platz genug.

Eine unwegsame, schmale Straße führte hinauf in die Berge. Zwei-, vielleicht dreimal überlegte ich, welchen Weg der Bus genommen haben mochte.
Falls es wegen der Eidechsenfrau war, ist es erstaunlich, daß ich nicht mit ihr geredet hatte, solange es möglich war. Ich meine, falls ich einen reellen Wunsch hatte, mit ihr bekannt zu werden.
Mit Wünschen muß man etwas tun. Vage Sehnsüchte sind, wie schon erwähnt, keine eigentlichen Wünsche.

Ich fuhr auf einen kleinen Parkplatz, um etwas zu trinken und die Karte zu studieren. Da merkte ich, daß ich mich an einer Kreuzung geirrt hatte und nicht wußte, wie ich zu dem Tempel kommen würde, den ich sehen wollte. Die Straßen waren nicht gut beschildert.

Es irritierte mich nicht so sehr, wie es Grete irritiert hätte, wenn sie hier gewesen wäre.

Ich entschloß mich, bei der Seilbahn zu parken und mit der Bahn auf den Berg zu fahren. Dort war es sicher besser – kühle, frische Luft und Aussicht – als in einem heißen Tempel.

Ein oder zwei Sekunden sah ich Gretes Gesicht vor mir, während sie trocken bemerkte: »Warum ein Auto mieten, wenn man eine Bahn nehmen kann?«

Der Wagen war voll von kichernden, schwatzenden Jugendlichen in Schuluniform.

Langsam glitten wir über mächtige Steinblöcke und durch Schluchten. Häuser und Schuppen waren dazwischen eingeklemmt. Die Wände sahen aus, als hätte man sie direkt am Fels festgeschraubt und Wellblech draufgelegt.

Wäscheleinen und Küchengärten waren ein deutlicher Beweis, daß alles seine Funktion hatte. Die Blumen und Schlingpflanzen täuschten eine Idylle vor.

Unter uns, bald dicht dran, bald tief da unten, bewegten sich die Menschen, ohne uns zu beachten. Einige Häuser lagen für sich allein auf der Höhe der bepflanzten Terrassen und erinnerten an weiße und rosa Marzipankuchen.

Einen Augenblick lang sah ich ein frisches Strohbündel,

das sich an der Bergwand, nur ein paar Zentimeter von mir entfernt, festgehakt hatte. Ich vernahm den Duft durch das offene Fenster. Er erfüllte mich mit einer gewissen Wehmut, und ich war erleichtert, daß ich es niemandem erklären mußte.

Auf halbem Weg mußten wir den Wagen wechseln. Die Jugendlichen, die sich auskannten, waren blitzschnell auf ihren Plätzen in dem anderen Wagen.
Als ich mich gesetzt hatte, fiel mir ein kleinwüchsiger, buckliger Mann auf, der das eine Bein nachzog.
Er bewegte sich langsam, aber zielbewußt. Etwas in seinem Blick veranlaßte mich zu glauben, daß er mit ständigen Schmerzen lebte.
Während ich ihm Platz machte, spürte ich es wie einen Schlag vor den Kopf. Eine Schraube zwischen den Schulterblättern. Nagende Schmerzen im Kreuz. Ein akuter Brechreiz. Operationen, die er durchgemacht hatte, damit der Rücken sich aufrichtete. Tage und Wochen das Bein in einem Streckverband, um es zu verlängern.
Ich wandte das Gesicht zum offenen Fenster.
Endlich setzte sich der Wagen in Bewegung, mit einem Geräusch, als schraube jemand einen rostigen Metallgegenstand ab.

Der Mann trug an einem Schulterriemen eine kleine Reisetasche mit dem Firmenzeichen von Tjæreborg. Der Sitz war etwas zu hoch für ihn. Er reichte kaum mit den Zehen auf den Boden.

Ich wollte mit ihm reden. Aber während ich das erste Wort formulierte, wurde mir klar, daß nichts daraus werden würde.

Kurz darauf trafen sich unsere Blicke. Er lächelte und nickte kaum merklich. Der Schmerz hatte seine Spuren in den Augen hinterlassen, in der Form des Mundes, in den Falten und in der Art, wie er den Kopf hielt. Aber da war auch noch etwas anderes. Die Unerschütterlichkeit eines Menschen, der es aufgegeben hat, zu klagen. Die langsamen, zögernden Bewegungen eines Menschen, der nicht um Almosen bat, aber trotzdem im Leben zurechtkam.

Hatten wir beide, der Jugendliche und ich, ihm deshalb Platz gemacht, weil er nicht darum bat?

Die Gerüche aus dem offenen Fenster und von den vielen warmen Körpern verschmolzen miteinander. Ich wurde ein Teil davon.

Plötzlich dachte ich: Die Zeit, die eigentliche Zeit, ist begrenzt. Sie ist – der Augenblick. Jetzt!

Die Minuten davor oder danach hatten keine Realität. Meine Schultern sanken herunter. Der Druck, den ich gewöhnlich im Magen spürte, löste sich. Der Unterkiefer gab es auf, sich festzubeißen, und die Finger breiteten sich im Schoß aus.

Wenn ich den Grund hätte angeben sollen, hätte ich es nicht gekonnt. Grete hätte ich den Mann mit dem Buckel, der um nichts bat, vielleicht beschrieben.

»Es hätte ihm sicher nicht gefallen, wenn er gewußt hätte, daß er dir leid tut«, hätte sie gesagt.

Und ich wäre genauso weit gewesen wie vorher, weil ich außerstande war, ihr zu erklären, daß er mir nicht leid tat. Als der Wagen mit seinem metallischen Schraubengeräusch hielt, entschloß ich mich, etwas Unverbindliches, aber Nettes zu ihm zu sagen. Nicht um eine gute Tat zu tun, sondern um zu kompensieren, daß ich es nicht fertigbrachte, den Augenblick festzuhalten.

Oben auf der Höhe war es ein wenig kühler. 800 Meter über dem Meer und die Aussicht danach. In der Brise bewegten sich die Blumen und die Bäume gegen den farblosen Himmel.
Die Landschaft wand sich in Terrassen um den Berggipfel. Die Häuser waren Miniaturschlösser in dem vielen Grün. Man sah es deutlich, daß nicht die Ärmsten hier oben wohnten.
Blumen und Bäume aller Art und eine Kakophonie von Vogellauten ließen mich an das Paradies denken, ohne daß es die Gemütsstimmung hervorrief, die man – Freude nennt.

Der Mann blieb bei einem Tempel stehen und lauschte dem Wechselgesang eines Knabenchores.
Ich blieb auch stehen. Keiner von uns sagte etwas, aber der Mann wandte sich mir zu und nickte. Ich nickte und lächelte. Ich glaube bestimmt, daß ich lächelte.
Zusammen mit ein paar anderen gingen wir langsam im Gänsemarsch hinauf zu dem chinesischen Café auf dem Gipfel.

Ich war fest entschlossen, mit dem Mann zu reden, ich wartete nur auf die passende Gelegenheit, damit es nicht zu aufdringlich wirkte. Denn selbst wenn man vorbereitet ist, ja vielleicht ein bestimmtes Ereignis erwartet, kann es zuviel werden, falls es eintritt.

Das Café quoll über von falscher Romantik. Grete hätte kaum erklärt, daß sie es liebte.

Als ich kurz nach den anderen hereinkam und mich an dem Tisch niederließ, der dem Mann am nächsten war, wurde ich von einem lachenden chinesischen Kellner überfallen.

Grete hätte natürlich gemeint, daß es etwas mit seiner Erziehung und seiner Kultur zu tun habe. Und ich hätte ihr nicht widersprochen. Obwohl es mir lästig war, daß der Kellner offensichtlich zu denen gehörte, die lachen, um zu verbergen, wie unglücklich sie sind.

Es war heiß, trotz des riesigen Ventilators an der Decke. Das Benehmen des Kellners brachte mich zusätzlich zum Schwitzen, und ich bestellte kaltes Mineralwasser.

Der Mann von der Seilbahn trank glühend heißen Tee. Vielleicht sollte ich eine Bekanntschaft einleiten, indem ich ihn fragte, ob man ihm bei dieser Wärme von kalten Getränken abgeraten hatte, da er Tee trank.

Aber der Satz war zu lang. Möglicherweise würde er sich belästigt fühlen. Außerdem bekam er gerade sein Essen. Der lächelnde Chinese kam ganz einfach dazwischen.

Der Mann aß langsam. Ab und zu verscheuchte er ein Insekt. Nicht aggressiv, nur mit einer zerstreuten, ruhigen Bewegung der freien Hand.

Ich konnte sehen, daß die Wärme ihn plagte, obwohl er direkt unter dem Ventilator saß. Wenn ich mich ein wenig vorbeugte, könnte ich sagen: »Es ist schrecklich warm hier, finden Sie nicht ...?«
Es war wohl am besten, ihn zu siezen. Oder würde es unnötig distanziert und feierlich klingen? Verdächtig?
Ich könnte es mir überlegen, bis er gegessen hatte. Dann würde ich sicher die richtigen Worte finden.
Grete hätte selbstverständlich nicht gewartet. Sie hätte sich vorgestellt. Nein, das nicht, Grete sprach nie mit Fremden. Nicht, weil sie etwas gegen sie hatte, sondern weil sie für sie gar nicht existierten.
Ehe ich Grete nicht vorgestellt wurde, sah sie mich nicht, obwohl wir dieselben Vorlesungen besuchten.
Wie wäre mein Leben wohl geworden, wenn mich niemand Grete vorgestellt hätte? Ein seltsamer Gedanke.

Der Mann stand auf.
Ich hatte geglaubt, daß er um die Rechnung bitten würde. Ich wollte mit ihm reden, während er auf sie wartete. Aber er ging zum Kellner und drückte ihm einen Geldschein in die Hand. Dann verließ er das Lokal.
Es wäre keine große Sache, ihn einzuholen. Aber es würde aufdringlich wirken. Deshalb trödelte ich unnötig, bis ich bezahlt hatte.
Als ich durch den Flur ging, um ins Freie zu gelangen, mußte ich einen Mann mit Schaufel und Besen passieren, der den Blick fest auf den Boden gerichtet hatte. Eine Art bodenbetrachtender Korridorfeger.

Er ging beinahe quer durch mich hindurch.
Es ist nicht sicher, daß er wirklich da ist, dachte ich schließlich, nur um einen konkreten Gedanken zu fassen.
In dem Augenblick, als er an mir vorbeikam, bemerkte ich, daß er eine geschwollene Ader auf der Stirn hatte.
Ich blieb stehen, weil ich mich etwas schwindlig fühlte.
Es war wohl die Wärme.

Als ich aufsah, füllte Gretes Gesicht die Türöffnung zum Garten. Ihre Haut war durchrieselt von Licht. Der Mund halboffen. Nicht affektiert sinnlich, wie man es auf Fotos von Ausstellungspuppen sieht, sondern als hätte sie gerade einen Satz beendet. Einen Ruf? Die Augen starrten mit ernstem Blick. Aber mich schauten sie nicht an.
Ich wollte gerade sagen, daß mir das alles so leid tat.
»Grete, es ist nicht gerecht, das, was geschehen ist«, wollte ich sagen.
Aber es währte so kurz. Dann war alles nur noch eine Türöffnung.
Ein paar Zeilen auf Seite 236 in dem Buch hatte ich deutlich vor Augen: »Wenn man versteht und fühlt, daß man bereits in diesem Leben mit dem Unendlichen verbunden ist, verändern sich die Wünsche und Einstellungen. Zu guter Letzt *existiert* man nur auf Grund des Wesentlichen, und hat man es nicht, ist das Leben vergeudet.«
Ich entschloß mich, direkt zur Station zu gehen und die Bahn nach unten zu nehmen. Warum war ich hier oben? Als hätte ich in meinem Leben nicht genug Fernblicke erlebt.

Der Mann von der Bahn war nicht zu sehen. Wahrscheinlich war er jetzt im Buddhistentempel. Vielleicht bewunderte er die enorme Statue, von der ich ein Bild in einem Reiseführer gesehen hatte.
Der Gedanke, daß das meiste im Leben vergebens ist, löste ein unklares, sentimentales Gefühl aus.
Ich hatte geschwitzt und war ins Gebirge gefahren, hatte den falschen Weg genommen und auf einem glühendheißen Parkplatz geparkt, hatte eine Fahrkarte gekauft und war in einen engen Wagen gestiegen. Ich hatte mich freiwillig dicht gedrängt zu Menschen gesetzt, die ich nicht kannte, nur um auf den Gipfel eines Berges zu kommen und in einem heißen Café zu sitzen, um Leute zu beobachten, die sich bemühten, Krabben und winzig kleine Reiskörner auf Stäbchen zu balancieren.

Wozu? Um gleichgültigen Menschen etwas erzählen zu können, wenn ich wieder nach Hause kam? Um andere Kulturen kennenzulernen, wie es hieß? Um sagen zu können: »Ich habe es gemacht. Es war phantastisch!«

Aber der Gedanke an Gretes Gesicht in der Tür herrschte vor. Der halboffene Mund.
Grete war nie ein Vamp gewesen. Oder hatte nur ich es nicht gesehen? War ihre kühle Distanz nur eine intelligentere Form?
Falls es so war, warum dachte ich jetzt daran? Spielte es irgendeine Rolle?
Und aus einer Art Wut heraus sah ich den Menschen vor

mir, von dem ich mir gelobt hatte, mich niemals von ihm quälen zu lassen: Den unbekannten Mann im Segelboot. Trotzdem sah ich ihn deutlich. Er stand in der Gestalt des rosa Athleten am Ruder und betrachtete mich mit verächtlichem Blick.

Auf der Fahrt nach unten saß ich neben einem dicken, jungen Mann, der ein kleines schlafendes Kind im Arm hielt. Er glich einem Buddha, der einen Menschen bewacht. In sich selbst ruhend, mit einem nach innen gewandten Blick. Glänzend dunkle Haut, als hätte er eine Lederhaut, um die Hitze und alles Menschliche abzuhalten.

Als das Kind anfing zu weinen, tauchte eine Frau in einem Sari auf. Ich bot ihr meinen Platz an, den sie mit dankbaren Augen und leisen, unverständlichen Worten annahm. Der junge Buddha zog sich mit gekreuzten Armen zurück, und die Frau beruhigte das Kind auf ihrem Schoß.

Da wurde mir klar, daß ich schon mehrere Monate an das Kind gedacht hatte, das in Gretes Bauch hätte wachsen sollen. Es bekam niemals etwas mit mir zu tun. Und das war vielleicht gut so.

Oder war es das nicht? Ein Kind existiert in jedem Fall für sich selbst. Was wußte der unbekannte Segler?

Hätte ich einem Kind etwas geben können? Wie ist ein Mensch, der einem Kind etwas zu geben hat?

Als ich zu dem überhitzten Auto kam und mich selbst im Rückspiegel sah, spürte ich ein intensives Unbehagen.
Ich startete den Motor und schaltete die Klimaanlage ein. Dann ging ich mit meiner Flasche Wasser in den Schatten eines Schuppens und trank. Langsam und lange. Es schmeckte wie warmes Badewasser.
Indem ich die Augen schloß, erlebte ich wieder den Anblick der Schlucht, die in die weichen grünen Schatten steil abfiel. Tief unten hatte die Landschaft in dem feuchten Meeresdunst ausgesehen wie graugrüner Samt.
Ich konnte mich nicht erinnern, daß ich daran gedacht hatte, als ich es sah. Aber jetzt dachte ich daran. Und an das, was auf Seite 92 in dem Buch stand, wo der Arzt seinen Vater beschrieb: »Er mußte ja mit jemandem streiten, und das machte er mit seiner Familie und mit sich selbst. Warum machte er es nicht mit Gott, dem dunklen *auctor rerum creaturum* (dem Urheber aller geschaffenen Dinge) ...?«

Das Auto war kühl geworden. Ich fuhr hinüber zum Festland. Die Brücke war eine gigantische Perlenkette über der Meerenge. Die Berge auf der anderen Seite erhoben sich wie Kulissen.
Zurück würde ich die Fähre nehmen. Dann hatte ich auch das gemacht. Als ich den Entschluß gefaßt hatte, überlegte ich, was Grete dazu gesagt hätte: »Man eilt vom Berg herunter, ohne den Tempel der Buddhisten gesehen zu haben, weil man die Kraft nicht mehr aufbringt.

Anschließend stürzt man sich wieder auf etwas Neues, Anspruchsvolleres.«
Grete hatte natürlich recht.
Wie an eine Strafe für uns beide dachte ich an das Kind, das mehrere Monate in ihrem Bauch gewesen war, ohne daß ich es gewußt hatte.
Ich sah eine kleine Gestalt vor mir, auf dem Beifahrersitz neben mir angeschnallt. Wie alle elternlosen Kinder begriff auch dieses Kind sofort, daß es auf sich aufpassen mußte.
Ich vergaß es absichtlich.
Meine Augen sahen die Meeresfläche und die Landschaft, dann den milchigweißen Himmel. Sahen die Schiffe, fern und im Licht schwimmend.

Da kreuzte ein Segelboot rechts von der Brücke. Es zog Gretes Haar und ihren Schal im Wind hinter sich her.
Im Kielwasser waren Worte von Seite 250 deutlich zu lesen: »Es gibt kein besseres Mittel, um das Individuum davor zu schützen, daß es sich mit den anderen vermischt, als den Besitz eines Geheimnisses, das es behalten will oder behalten muß.«
Meine Hände auf dem Steuerrad. Wie Klauen. Sie klammerten sich um ein rundes Dingsda und steuerten mich durch einige Stunden meines Lebens, ohne daß ich gerade dies eigentlich wünschte.
Es geschah, daß Leute aus irgendeinem Grund mit dem Auto verunglückten. Hier auf der Brücke war es verhält-

nismäßig einfach. Wenn man ein starkes Auto besaß, welches das Geländer durchbrechen konnte.
Das Auto, das ich fuhr, war nicht solide genug, wenn ich darauf verfallen wäre, in der Tiefe zu verschwinden.
Ich sah Blasen vor mir aufsteigen. Wie lange würde es dauern? Ich würde sicher ziemlich schnell bewußtlos werden. Aber der Kampf vorher?
Denn es würde ein Kampf sein. Ertrinken war wie Ersticken. Ein Kampf, um Luft zu bekommen. Vielleicht war es schmerzhafter, als ich dachte.
»Sich das Leben zu nehmen ist abscheulich und feige«, hatte Grete einmal gesagt, als wir eine Debatte über das Thema im Fernsehen verfolgten.
Ich weiß nicht mehr, was ich antwortete. Ich habe nicht so feste Meinungen über das, was Grete fundamentale Fragen nannte. Es erschien in gewisser Weise schwierig, eine feste Meinung von der Verzweiflung anderer zu haben und von deren Sehnsucht nach dem Tod.
Noch sah ich das Segelboot im Spiegel. Aber nur als ein weißes Flimmern.

Seltsam, daß das Allerkonkreteste, der Tod, so abstrakt wird – ganz zum Schluß.
Grete hatte für Verzweiflung nichts übrig. Weder für die eigene noch für die der anderen. Auch nicht für eine, die die Leute zu einer übereilten Tat treiben konnte, wie sie sagte.
Deshalb war es hart für sie, daß ich eingewiesen wurde, wie sie es nannte. So etwas war sie in keiner Weise ge-

wöhnt. Sie nahm sich immer zusammen und pflegte zu sagen: »Eine schlechte Gemütsverfassung ist eine schlechte Eigenschaft.«

Vielleicht sollte ich mit der Eidechsenfrau reden, falls ich sie in der Hotelbar sah. Ich könnte irgendein Getränk bestellen und sagen: »Wir waren gleichzeitig auf der Schmetterlingsfarm, nicht wahr?«
Ich würde es ihrem Gesicht ansehen, wenn sie peinlich berührt war, daß ich sie ansprach.
Falls sie es irgendwie erkennen ließ, würde ich natürlich nur lächeln und weitergehen, nachdem ich etwas Vorteilhaftes über die Schmetterlinge gesagt hatte.
Zeigte sie dagegen Interesse, könnte ich zugeben, daß ich nicht viel über Schmetterlinge wußte. Auf diese Weise konnte sie erzählen, was sie wußte.
War es voll in der Bar oder die Musik des Orchesters zu laut, würde sie sich vielleicht zu mir neigen, um meine Worte besser zu verstehen. Das wäre ein Zeichen von Interesse.

Der Entschluß verbesserte meine Gemütsstimmung, oder wie man es nennen soll.
In der Stadt parkte ich auf einem häßlichen Platz zwischen zwei Wellblechbaracken, in einer Gegend, in der ich mich absolut nicht sicher fühlte. Dann ging ich in ein Kellerrestaurant, um etwas zu essen.
Hier waren die Wände gekalkt, und als Bilderrahmen gab es Aluminiumfolien. Auf dem Podium stand eine orien-

talische Sängerin mit einer sehr variablen Tonlage. Von der Decke hingen leuchtende Kreppapierstreifen und ließen mich an den Weihnachtsschmuck in meiner Kindheit denken. In einer Mauernische über meinem Tisch hing ein von Glitzerzeug umgebenes Madonnenbild.
Ich setzte mich so, daß ich es nicht anzusehen brauchte. Da sah ich nicht das Bild, sondern Gretes Kopf draußen in den glitzernden Wellen. Das Segelboot lag bereits mit dem Kiel nach oben. Der rosa Athlet mit dem Segelbootabzeichen auf den Shorts saß am Strand.
Mir war übel, und da fiel mir ein, daß ich meine Medizin nicht zum richtigen Zeitpunkt genommen hatte. Sie lag im Auto.
Als der Kellner mit der Speisekarte kam, war ich schwerelos und außerstande zu bestellen. Es wäre demütigend gewesen, Aufmerksamkeit zu erregen, deshalb war es wichtig, eine äußere Kontrolle zu behalten.
Während ich so dasaß und mir selbst sagte, daß ich es vorher ohne Tabletten geschafft hatte, kam mir der Gedanke, daß Grete und der rosa Athlet etwas gemeinsam hatten.
In dem gleichen Augenblick, als mir die Verrücktheit dieses Gedankens aufging, erinnerte ich mich deutlich an zwei Zeilen auf Seite 121: »Im Grunde entdecken wir nichts Neues und Unbekanntes bei einem Geisteskranken, sondern wir begegnen nur dem Fundament unseres eigenen Wesens.«
Die Übelkeit hat mir einen Streich gespielt, dachte ich und erinnerte mich sofort an alte Anfälle von Eifersucht.

Eifersucht auf alles in Gretes Leben, von dem ich nichts wußte. Die Unruhe, daß sie sich ein anderes Dasein wünschte als das Dasein, das sie in meiner Gesellschaft hatte.
Ich hörte nicht auf, daran zu denken, aber ich schaffte es, wieder auf die Straße zu gelangen.
Es war rings um mich ganz dunkel. Unter Umständen konnte ich niedergeschlagen werden, beraubt, mißhandelt.
Ich hatte einen starken Bleigeschmack im Mund, und es war mir gleichgültig, ob ich bis zum Auto und der Medizin kam.
Grete hatte den rosa Athleten wahrscheinlich nie getroffen. Oder doch?
Seit ich ihn zum ersten Mal unter dem Baum gesehen hatte, fragte ich mich doch ernstlich, ob er dem Bild glich, das damals aus ihrer Handtasche gefallen war, als sie mich in der Institution besuchte.

Während ich herumstolperte, erinnerte ich mich an eine Stelle aus dem Buch, die ich aber nicht wortgetreu behalten hatte. Seite 159: »... In einer Vision sah er eine Flutkatastrophe in Europa, die alles und jedes überflutete und Kulturgüter wegschwemmte, den Tod unzähliger Menschen verursachte und das Meer in Blut verwandelte. Europa in Blut ...«
Die Numerierung der Seiten in dem Buch befand sich nicht rechts unten oder in der Mitte oben, sondern unten – etwas links von der Mitte.

Ich erinnerte mich, daß ich eine gewisse Scham beim Lesen empfand. Als sei es mein Fehler, daß die Seitenzahlen so ungeschickt plaziert waren. Warum erinnerte ich mich fast immer an die Seitenzahlen? Einen Text ohne Seitenzahl vergaß ich sofort.
Ich konnte mich Wort für Wort an einen Text erinnern, weil ich die Zahl der Seite wußte, auf der der Text stand. Offensichtlich hatte der Inhalt kein Stichwort und keine Bedeutung, die es wert waren, daß man sie behielt.
Aber die Zahl war es. Sie schraubte sich in mein Gehirn ein und tauchte auf wie eine Plage. Ja, sogar wenn ich mich an den Inhalt erinnerte, war die Seitenzahl oft wichtiger.
In dem Wertemuster unserer Zivilisation war jeder einzelne von uns, von Geburt an, in ein System eingebunden, in dem die Zahl, die Personalnummer, der Code für unseren Wert war.

Ich ging durch eine enge Gasse in der Hoffnung, daß es eine Abkürzung zum Auto war.
Ein junger Mann lehnte an einer Wand. Er starrte mich aus zwei leuchtenden, dunklen Augen an.
Als ich seine Schritte hinter mir vernahm, dachte ich, daß ich nicht genug Geld bei mir hatte, um einen Räuber zu besänftigen. Und als der kräftige junge Bursche neben mir auftauchte, dachte ich: Jetzt hat er mich! Er hat meine totale Schwäche gesehen. Mein Elend. Da fragte er in gebrochenem Englisch, ob er mir irgendwie helfen könne. Natürlich glaubte ich nicht an seine guten Absich-

ten. Er wollte mich nur dazu bringen, meinen Zahlenwert zu verraten.
Seine Stimme war ein heiseres jugendliches Krächzen, als wäre er nicht auf die richtige Station eingestellt.
Als er mich fest am Arm packte, gab ich auf und lehnte mich einen Augenblick an ihn, während ich dachte, daß ich mich aufrichten müßte, um mir Respekt zu verschaffen. Vielleicht gelang es mir. Er ließ mich los.
Ich spürte eine sonderbare Leere. Als fiele ich im Dunkeln einen Abhang hinunter, ohne zu wissen, wie tief ich fallen würde.

Ich weiß nicht, wie lange ich im verschlossenen Auto saß, nachdem ich die Medizin genommen hatte, oder was ich dachte, während ich da saß. Aber Gretes Stimme war ständig da: »Es ist ganz natürlich, daß es dir so ergeht, meine Liebe … Aber nimm dich zusammen! Sieh vorwärts! Denk positiv!«
Ich antwortete ihr ebenso gut mit den Worten des berühmten Arztes auf Seite 134, wo aus irgendeinem idiotischen Grund die Seitenzahl nicht angegeben war, so daß man auf die Seite davor sehen mußte, um die richtige Seitenzahl zu wissen. Dort stand: »Mit einem Intellekt, der nicht von irgendeinem Gefühl kontrolliert wird, läßt sich alles regeln – und trotzdem hat man eine Neurose.«

Während ich am Meer entlang zum Hotel zurückfuhr, begriff ich, daß Grete es gelegentlich zu mir gesagt haben mußte. Dieses »Meine Liebe«.

Und ich ertappte mich dabei, daß ich ihr gerne etwas über kleine Kinder erklärt hätte, die Sicherheit in Zahlen suchen. Über eine Art »Sesam, öffne dich«, und daß die Magie der Zahl selbst Berge dazu bringen konnte, sich zu öffnen.

Aber ich wußte ja, daß ich es nicht geschafft hätte.

Würden wir paradiesischer leben, wenn wir nicht die Fähigkeit besäßen, mathematisch zu denken? Würden wir da nicht glauben, daß es notwendig wäre, uns selbst und die Welt zu vernichten, nur um unseren Glauben an die Zahl aufrechtzuerhalten?

Oder ist die Symbiose des Menschen mit der Zahl so absolut, daß wir ohne sie als Geschöpfe nicht fungieren können?

Ist die Zahl der ursprüngliche Fluch? War er seinerzeit schuld an dem Brudermord, der Eifersucht, der Mißgunst, der Habgier, der Maßlosigkeit?

Der Einsamkeit? Beginnt das Ganze, wenn jemand bis zwei zählt? Grete und ich? Grete und der Mann im Boot? Wäre sie hier, könnte ich sie ohne Umschweife fragen: »Was geschah in dem Segelboot? Ihr wart doch zu zweit?«

Es spielte jetzt keine Rolle mehr. Es war zu spät. Trotzdem hörte ich die Stimme der Krankenschwester, die mir die Tragödie von dem Segelboot erzählte.

Ich vernahm noch den Geruch dieser Schwester. Rührend billiges Parfum.

Als ich ein Kind war … der Geruch von Torf. Ich holte Torf im Schuppen. In einem Blecheimer. Es war immer dunkel. Ich zählte die Schritte und ging rückwärts in meiner eigenen Spur, wenn Schnee lag und der Mond über dem Berg stand.
So machte der Mann in der Autobiographie es auch. Die Welt ist voll von der Magie der Kinder gegen Leere und Angst.

Ich sprach nicht mit der Eidechsenfrau, als ich ins Hotel kam, wie ich es mir eigentlich auferlegt hatte.
Sie stand bei einer Glasvitrine im Vestibül, in der teure Parfums und Markenartikel ausgestellt waren. Um die Wahrheit zu sagen, ich ging direkt an ihr vorbei. Ich war erschöpft und fühlte mich ungepflegt.

Natürlich ist es erlaubt, zu nicken oder mit den Leuten zu sprechen, auch wenn man nicht in Form ist. Ich hätte die Hand heben können und sagen: »Haben wir uns nicht auf der Schmetterlingsfarm gesehen?«
Ich tat es nicht. Aber ich dachte, als ich vorbeiging: Jetzt gehst du vorbei.

Aus irgendeinem Grund war mein Tagesrhythmus ganz anders als bei den übrigen Gästen. Es hatte den Vorteil, daß ich immer den besten Tisch frei wählen konnte, wenn ich essen wollte. Falls nicht geschlossen war.
Das letztere bekümmerte mich wenig. Das Lokal unter dem Wellblechdach war nie geschlossen.

Die Gerüche von Menschen, Tieren, Curry, überreifen Früchten, Laub, Staub und Schweiß waren notwendiger geworden als das Essen.
Etwas mit den Nächten konnte ich nicht verstehen. Sie waren ein ununterbrochener Strom aus Regen und Blitz.
Ich verfolgte die Tage dazwischen nicht. Aber ich überlegte oft, wo sie eigentlich blieben.

Eines Abends kurz vor Sonnenuntergang stand ich mit dem Gefühl, etwas verloren zu haben, vor dem Hotel. Es war noch sehr heiß.
Ich beobachtete die Wellen am Strand und die Ornamente um den ehrwürdigen Eingang, vor dem alle Rikschas mit ihren braungebrannten, sehnigen Männern standen und auf eine Fahrt warteten.
Da sah ich die Eidechsenfrau. Sie wurde von einem der aufdringlichen Männer überfallen. Aber sie wählte einen anderen, setzte sich ruhig in die Rikscha und fuhr davon.
Während ich da stand, spürte ich den Rhythmus des Rikschafahrers in meinem eigenen Körper. Wenn er stehenblieb und auf den Zehenspitzen ausruhte, weil der Verkehr stand, spürte ich es in jedem Muskel.
Es war ganz anders als der Rhythmus in einem Auto. Dieses hier war nahe, als hätte sie auf meinem Rücken gesessen oder wäre ein Teil meiner Muskeln, meines Fleisches gewesen. Es war etwas Intimes dabei, das ekelhaft wurde, weil nicht ich, sondern der Mann die Rikscha fuhr.
Da wurde mir klar, daß alles, was geschah, nur die Wie-

derholung eines vorherigen Erlebnisses war. Warum lernten wir nichts daraus?
Wäre Grete dagewesen, hätte ich es ihr geradeheraus gesagt: »Der Mann im Boot hat sich an Land gerettet, aber er hat mich nicht aufgesucht. Er verschwand, ohne zu sagen, wer er war.«
Wahrscheinlich würde sie nachdenken, ehe sie sagte: »Das hört sich so an, als sei das Schlimmste an dem Unglück, daß der Mann sich nicht zu erkennen gab.«

Zwei Tage? Ja, zwei Zeitungen waren unter der Tür durchgeschoben worden. Ich hatte die Seitenzahl in der Autobiographie des berühmten Mannes verloren und war auch nicht fähig, sie zu vermissen.
Das Zimmermädchen hatte vielleicht versucht hereinzukommen, um das Zimmer in Ordnung zu bringen. Ich war nicht sicher. Aber ich hatte andere Fragen zu klären.
Zum Beispiel der Mann in dem Segelboot.
Es waren nicht mehr viele Tee- und Schokoladentüten übrig. Ich wusch mich, zog mich an und bereitete mich darauf vor, die Treppe hinunterzugehen.
In der Bar war es deutlich Abend geworden. *»Love is a many splendored thing«*, sang ein Damenduo, ehe die beiden Pause machten und sich auf zwei grüne Stühle an einen kleinen Tisch setzten. Jede nippte an ihrem Glas. Das eine mit einem rosa, das andere mit einem grünen Inhalt.
Der Tisch stand genau vor einer Säule. Wenn sie sich zueinander beugten, um sich zuzuprosten oder etwas zu sa-

gen, sah ich zwei Kraniche, die einen wehmütigen seitenverkehrten Tanz aufführten.
Eine schlanke junge Frau, die Thailänderin sein könnte, schillerte wie ein Schmetterling mit ihrem halbjährigen Kind auf dem Arm. Sie wirkte wie ein kühler Lufthauch neben ihrem Klotz von einem Mann, der offensichtlich seine besten Jahre hinter sich hatte.
Die Augen der jungen Frau spiegelten nichts von dem wider, was ich erwartete. Kein unglückliches Dasein, keine Unzufriedenheit mit dem Ehemann. Im Gegenteil. Sie glättete ihr teures modisches Kleid über der einen Hüfte und hob das Kind auf die andere, während sie aufstand und sich freundlich umsah.
Der Mann folgte ihr watschelnd und nickte den beiden Sängerinnen hinter der Säule zu. Zwei große Hände pendelten schlaff neben dem glänzenden Anzug. Man konnte sich nicht einmal vorstellen, daß die Hände einen Eierlöffel halten könnten.
Falls Grete dagewesen wäre, hätte sie zweifellos das Kind beobachtet. Da hätte ich sie unverblümt fragen können: »Du warst schwanger, nicht wahr?«
Ungeachtet dessen, was sie geantwortet hätte, würde ich es gemerkt haben, wenn sie log.
Oder würde ich es vielleicht nicht merken?
Als ich ein Glas Wein bestellt hatte, sah ich, daß der rosa Athlet vor seinem Glas Bier saß. Allein. Die Augen auf das Geschehen auf dem kleinen Podium gerichtet.
Einen Augenblick dachte ich daran, was passieren würde, wenn ich zu ihm hinginge und leicht provozierend sagte:

»Ich habe gehört, daß Sie ein versierter Segler sind. Wollen wir zwei uns ein Segelboot leihen?«
Aber ich tat es nicht.
Ich war hier fehl am Platz. Hier war nur ein altes, ehrwürdiges Hotel, das im Reiseführer empfohlen wurde.
Falls Grete dagewesen wäre, hätte sie zweifellos das Interieur kritisiert. Sie hätte nicht gesagt, daß sie es »liebte«.
Oder irrte ich mich? Hätte sie längst dafür gesorgt, daß sie dem rosa Athleten vorgestellt wurde und mit einem Martini an seinem Tisch saß?

Ich mußte zur Toilette. Und auf irgendeine Weise wurde es mir peinlich bewußt, wie ich aufstand, wie ich durch den Raum ging und durch die knarrende Tür.
Als ob Grete und der rosa Athlet da drinnen im Halbdunkel säßen und über mich lachten.
Ich war der kleine Mann von der Bahn, der auf seinen deformierten, schlecht zusammengeschraubten Beinen über den Boden hinkte. Sein unregelmäßiger, angstvoller Herzschlag war der meine.
Endlich konnte ich die Toilettentür hinter mir schließen. Die Zisterne war alt und leck. Die Fliesen waren beinahe antik, die Fugen braun vor lauter Dreck. Die Waschbecken gesprungene Eleganz der zwanziger Jahre.
Jemand hatte mich auf dieser Toilette vergessen, mein ganzes Leben lang. Ab und zu war diesem Jemand sicher eingefallen, daß ich da drinnen saß, und er hatte sich gesagt, daß er mich herausholen müßte. Aber es war nie etwas daraus geworden. Und so war ich geblieben.

Grete sagte immer: »Es hilft unglaublich, optimistisch zu sein.«
Auch nachdem ich ein halbes Jahr da drinnen gewesen war, sagte sie es. Daran dachte ich, während ich mich übergab.

Als ich die Treppe zu meinem Zimmer hinaufging, merkte ich, daß ich es schaffte, Gretes Gefühllosigkeit zu verachten.
Wäre sie dagewesen, hätte ich sie überrumpeln können: »Du hast mir nie erzählt, daß du segeln konntest.«
Da hätte sie mich etwas schief angesehen und geseufzt: »Du warst einfach unglücklich über alles, was außerhalb geschah. Daß du nicht daran teilnehmen konntest.«
Und damit hatte sie ganz recht.
Trotzdem hätte ich noch den letzten Stich machen können und fragen: »Von wem war das Kind?«
Aber hier war die Grenze erreicht.

Es war frühmorgens oder vormittags.
Ich überlegte, daß ich durch den Hotelgarten gehen könnte, durch die Reihen sitzender und liegender Menschen, alle mit dem Gesicht in der gleichen Richtung, als beteten sie eine Gottheit an.
Heute würde ich an dem Regenbaum vorbeigehen und hinaus ins Meer.
Ich dachte es so intensiv, daß ich keinen Rückzieher mehr machen konnte.

Drei Menschen lagen auf ihren Liegestühlen. Zwei unter der schattigen Baumkrone, einer nahm auf der Wiese ein Sonnenbad. Allmählich erkannte ich sie.
Die Gestalt in der Sonne war der rosa Athlet. Er lag auf dem Rücken, die Arme unter dem Kopf, und lachte über etwas, das die anderen gesagt hatten.
Der andere lag im Schatten. Es war der Mann von der Seilbahn. Er hatte Shorts an, der Oberkörper war entblößt. Ich erkannte ihn wieder, auch wenn er ein Handtuch über den Kopf gelegt hatte. Der Buckel auf dem Rücken war deutlich sichtbar. Die Waden hatten mehrere tiefe Narben. Als hätte jemand Nägel in ihnen festgeschraubt, um die Beine aus dem Körper herauszuziehen.
Aber es sah nicht so aus, als dächte er auch nur einen Moment daran, daß jemand auf sein Äußeres reagieren könnte. Er war in ein vertrauliches Gespräch mit einer normalen, in meinen Augen schönen Frau vertieft.
Sie erhob sich lächelnd, griff nach dem Sonnenöl und begann, den deformierten Rücken des Mannes einzureiben. Die Bewegungen waren voller Fürsorglichkeit. Sie hatte einen Strohhut auf und einen violetten Bikini an. Einen Augenblick glaubte ich, daß es Grete war. Aber es war die Eidechsenfrau.

So etwas wie Wut überfiel mich. Oder wie sollte ich es nennen?
Hastig zog ich mein Sommerkleid aus, das ich über dem Badeanzug anhatte, und warf es auf den Liegestuhl.

Es war schon immer so gewesen, daß ich einlenkte, wenn ich glaubte, wütend zu werden.
Das war mein eigentlicher Feind, wenn man ein so feierliches Wort für einen solchen Zustand gebrauchen darf.
Als mir klar wurde, daß der Mann im Segelboot mich nie aufsuchen würde, hatte ich nicht in erster Linie Wut empfunden, es war dieses andere gewesen. Verletzter Stolz.
Außerdem wußte ich ja, auch wenn er gekommen wäre und mir die sogenannte Wahrheit erzählt hätte, so hätte ich ihr nicht begegnen können. Denn ich wollte die Belastung nicht auf mich nehmen, ihm von Grete und mir zu erzählen.
Der berühmte Mann hatte ein paar Worte auf Seite 142 stehen, die ich glaubte, vergessen zu haben: »... Was gestern eine Wahrheit war, ist heute ein Betrug, und was vorgestern für einen Fehlschluß gehalten wurde, kann morgen eine Offenbarung sein ...«

Während ich schwamm, dachte ich, falls Nesselquallen mich anfielen, würde ich mich bemühen, an Land zu kommen und die Eidechsenfrau um Hilfe bitten.
Sie konnte ja die Salbe mit dem Antistoff holen, welche die Badeaufsicht bereithielt. Bei einem Angriff auf den Hals würde ich im schlimmsten Fall ersticken.
Der Gedanke hinterließ einen materiellen Widerstand. Als würde ich nicht im Wasser schwimmen, sondern im Schlamm. Jede Schwimmbewegung wurde zu einer Kraftanstrengung.

Trotzdem entschied ich, wenn Grete hier gewesen wäre, hätte ich sie gefragt: »Was hast du gedacht, als du allein in den Wellen lagst? Nachdem die Panik dich gelähmt hatte und du aufgeben mußtest? Hast du begriffen, daß er sich rettete? Fühltest du auch diese Leere? Hast du nach jemandem gerufen? Tun wir das? Rufen wir nach denen, die sich retten?«

Ich tauchte und starrte auf den Grund. Aber Grete war nicht da. Sie hörte mich nicht.

Es ging mir auf, daß der Ton von Gretes Stimme verschwunden war. Ich konnte mich nicht mehr daran erinnern, wie sie klang.

Nachdem ich eine Viertelstunde geschwommen war, ohne daß Nesselquallen mich angegriffen hatten, ging ich den gleichen Weg zurück. Der Sand brannte an den Fußsohlen.

Ich ging an der Sphinx vorbei und achtete nicht auf die Bilder, die sie feilbot. Vorbei an den dreien in den Liegestühlen unterm Regenbaum.

Ich hätte etwas sagen können wie, daß ich heute keine Nesselquallen gesehen hatte. Ich sagte es nicht. Aber ich nickte.

Als ich in den Schatten des nächsten Baumes kam, wo nur zwei leere Liegestühle standen, drehte ich mich um.

Die drei standen dicht zusammen und betrachteten etwas, das der rosa Athlet in den Händen hielt. Ein Bild der Sphinx, das er stolz den beiden anderen zeigte. Sie standen so nah beieinander, daß sie einen gemeinsamen Schatten warfen.

Ohne eine bestimmte Seitenzahl vor mir zu sehen, dachte ich an die Erinnerungen des berühmten Arztes. Und während ich die Eidechsenfrau beobachtete, als sie einen Kittel über den Kopf zog, erinnerte ich mich vage an etwas von irgendeiner Seite: »Meine Erfahrung als Arzt wie auch in meinem privaten Leben hat mir unaufhörlich die Frage nach der Liebe vorgelegt, und ich war nie imstande, eine gültige Antwort darauf zu geben.«

Die Eidechsenfrau merkte, daß ich sie beobachtete. Jetzt warf sie sich die schwarze Tasche über die Schulter und nahm ihren Schatten mit zu meinem Baum.

Als sie ihr Handtuch auf den leeren Liegestuhl dicht neben mir legte, nickte sie den beiden anderen lächelnd zu. Aber mit mir redete sie: »Die beiden Waghälse haben vor, ein Segelboot zu mieten. Aber ich weiß nicht ... Sind Sie eine erfahrene Seglerin?«

Das Motiv

Warm? Jedenfalls für diese Jahreszeit. Riesige Laubbäume, die Knospen kurz vor dem Aufspringen. Und ein schwacher Geruch nach Fäulnis. Oder nach Auflösung?
Das Telegramm von zu Hause. Es lag im Hotelzimmer. Doch ich saß im Straßencafé und las es Wort für Wort. Es war nicht zu glauben. Nichts ist so unglaublich wie die Wirklichkeit.

Die Großmutter war vielleicht lange dagewesen, ohne daß ich es begriff.
Ihr Lächeln ließ das Gesicht bersten. Die Haut war weiß mit einer Unzahl feiner Runzeln. Wie die Haarrisse auf der Rückseite von alten Porzellantellern – oder wie verblasener Wüstensand, in dem das Tageslicht ein Faktum ist. Schatten in den weichen Falten einer lebendigen, beweglichen Fläche.
Erst sagte ich gar nichts. Ließ nur die Schuhspitze auf dem Pflaster scharren.
»Erinnerst du dich an früher? Als wir unter den Birken hinter dem Haus saßen und das sprießende Laub schnupperten? Wir sprachen davon, daß das Licht die gleiche Farbe hatte wie der sandige Grund, wenn wir über das Wasser ruderten, um kleine Flundern zu stechen.«
»Ich erinnere mich, daß ich danach brannte, dir von dem Licht zu erzählen, das ich vom Meeresboden aus sah. Wenn ich durch zwei Meter klares Wasser in den Him-

mel schaute. Mit weit offenen Augen gegen das brennende, salzgebadete Licht.«
»Warum hast du es nicht erzählt?«
»Ich hatte Angst, du würdest mir so was verbieten.«
»Hätte dich das davon abgehalten?«
»Nein, aber da hätte ich ein schlechtes Gewissen gehabt. Es hätte mich gestört, wenn ich herausfinden wollte, wie lange ich da unten liegen konnte, ohne bewußtlos zu werden.«
»Wie lange konntest du es aushalten?«
»Ich hatte nie jemanden, der die Zeit maß. Es erforderte zuviel Konzentration, so daß ich niemand in meiner Nähe ertragen konnte. Ich mußte den Willen kontrollieren. Von dem Moment an, da ich das Gefühl hatte, daß die Lungen gesprengt würden, bis kurz vor der Ohnmacht.«
»Hast du damit aufgehört?«
»Genau das, ja.«
»Du willst vielleicht über das Telegramm sprechen?«
»Ich möchte lieber von der Kunstausstellung erzählen, die ich besucht habe, nachdem ich das Telegramm gelesen hatte.«
»Ist dir das wichtiger?«
»Es waren drei große Räume mit vielen meterhohen Kultfiguren, Bumerangs und Wandmalereien. Geschaffen aus Träumen und Mythen. Die Künstler waren Nachkommen des verdrängten Volkes. Die Ausstellung hieß *Dream time*. Sie behaupten, daß ihre Ahnen in den Träumen zu ihnen kommen. Daß jeder Mensch sich in diesen

Träumen wiedererkennt, und daraus schaffen sie ihre Kunst. Schnitzen sie aus Baumstämmen heraus und schmücken sie mit glühenden Pflanzenfarben. Zum Beispiel mit roten Punkten und schwarzen Strichen. Im ersten Moment hat es provozierend auf mich gewirkt. Nach einer Weile vermittelte es ein Gefühl von Ruhe und Autorität. Ja, von Gerechtigkeit und Rache. Im Katalog nannten sie es primitive Kunst. Es hieß auch, daß diese Kunst sich wahrscheinlich im Laufe der Geschichte der Urbevölkerung entwickelt habe. Niemand wisse, wo der Ursprung lag. Diese Geister aus Holz sprachen mit mir. Sie kommentierten mein innerstes, akutes Problem.«

»Das Telegramm? Die Worte: ›Der Tod kam plötzlich‹?«

»In Gruppen aufgestellt, waren die Skulpturen ein erschreckendes kriegsbemaltes Heer. Und das war vielleicht beabsichtigt. Aber den gewaltigsten Eindruck machte eine Figur, die allein in einer Ecke stand. In der einen Hand hielt sie einen Bumerang, und mit der andern zeigte sie geradeaus. Das Gesicht war fast ebenso groß wie der Körper. Die Wangen kreideweiß und die Brust mit unsymmetrischen roten Punkten übersät.«

Großmutter betrachtete mich eine Weile, dann sagte sie:

»Für die Lebenden haben der Tod und der Traum keine Substanz. Deshalb errichtet man Statuen.«

»Der Bumerang war beinahe aggressiv verziert. Eine geniale Wurfwaffe, dergleichen wir in unserer Kultur nicht haben.«

»Er erfordert eine geschickte Hand.«

»Ich habe immer elend schlecht geworfen. Ich habe es nie geübt. Ich lief. Jetzt reise ich.«

Wenn Großmutter auftauchte, brachte sie meine Gedanken in eine Art System. Aber heute klappte es nicht ganz.
Sie war von uns allen am meisten gereist. Nicht weil sie viele Städte oder Erdteile besucht hatte. Sondern weil ihre Reisen ernsthafter gewesen waren, unvermeidlicher.
»Ich hätte das Telegramm sofort wegwerfen sollen, dann würde ich es nicht mehr sehen, wenn ich zurückkomme. Man sollte so etwas aus dem Weg räumen, bevor es den Tag zerstört.«
»Das ist nicht immer klug, manchmal soll man so etwas in die Hand nehmen und noch einmal lesen.«
»Ich habe ihn fünf Jahre nicht gesehen. Ich war darauf vorbereitet, vor ihm zu sterben.«
»Die Menschen sterben nicht schneller, wenn man es vorzieht, sie eine Weile nicht zu sehen.«
»Er hatte es gleichsam in sich. Das ewige Leben auf Erden.«
»Davon wird man nur alt.«
»Er sammelte so vieles. Hatte Angst, seine Sachen zu verlieren. Daß ihm jemand etwas wegnehmen würde. Daß er zu wenig bekam im Vergleich zu dem, was er hätte bekommen können.«
»Das sind Eigenschaften, die sich oft mit dem plötzlichen Überfluß einstellen.«
»Bekam er als Kind nicht genug?«

»Wer bekommt das schon?«
»Ich erinnere mich an damals, als ich die Röteln hatte. Er versprach mir ein Geschenk, wenn ich nicht weinte. Aber ich habe geweint.«
»Es ist trotz allem nur eine Beerdigung, zu der man Stellung nehmen muß. Nichts weiter, eine klare Sache.«
»Sollte ich nach Hause fahren und so tun, als ob nichts wäre? Nur weil alle nach dem Grund fragen würden – falls ich mich nicht einfinde? Das wäre die reinste Heuchelei.«
»Ich bin bei vielen Beerdigungen gewesen, bei denen die Leiche die einzige war, die nicht geheuchelt hat. Es sind Zeremonien. Die Leute sind friedlich. Halten ihre Reden und weinen, wenn sie können. Die Mutigsten fragen sich, wann sie an der Reihe sind. Es liegt eine gewisse Ordnung in dem Ganzen.«
»Ich kann einfach nicht.«
»Du bist auch nicht zu meiner Beerdigung gekommen.«
»Das war etwas anderes. Ich war am Boden zerstört. Jung und … voller Angst.«
»Ich glaube eher, es lag daran, daß du zu der Zeit deinem Vater sehr ähnlich warst.«
»Aber ich habe ein Bild von dir gemalt. Das erste Bild, das ich künstlerisch verantworten konnte.«
»Das deine Mutter bei der Beerdigung vorzeigte, weil du nicht da warst. Nein, vielen Dank! Die Lebenden haben etwas an sich, das ich nicht mag …«
»Daß wir fernbleiben?«
»Nein, dieser Geruch nach Verwesung.«

»Meinst du, daß wir hier sitzen und verrotten?«
»Ich nicht, ich habe es hinter mir.«
Die Großmutter sprach mit der gleichen Stimme, die sie auch bei ihren Topfpflanzen benutzte. Sie sagte immer: »Aber du! Du gehst ja ein!«

Der Straßenverkehr dröhnte die ganze Zeit vorbei. Es störte mich allmählich. Ich bezahlte den Wein und wollte gehen.
Da stand plötzlich ein Mann auf der anderen Straßenseite. Ich sah ihn in dem Augenblick, als ich das Glas hob, um auszutrinken. Wäre mir zum Beispiel etwas auf das Pflaster gefallen und ich hätte mich danach gebückt, hätte ich ihn nicht bemerkt.
Sein Gesicht war sehr groß. Die Augen. Alle Details am Kopf waren vergrößert. Der Körper war nur ein Anhängsel. Eine Figur in allzu starkem Gegenlicht, zufällig neben einer Verkehrsampel in einer Großstadt.
Die Ampel hatte gerade auf Rot geschaltet. Der Verkehr dröhnte in dichter Reihenfolge an mir vorbei. Ich konnte ihn zwischen den Autos nur kurz und undeutlich sehen.
Da passierte es. Er hob beide Arme und öffnete den Mund, um etwas zu rufen. Galt es mir?
Auch wenn seine Stimme im Chaos ertrank, wurde der Tag beinahe schön. Und in einer spontanen Erwartung überlegte ich, was ich sagen sollte, wenn er über die Straße kam.
»Ist es nicht ein wunderbarer Tag? Es ist Frühling!«
Ich hob die Arme und winkte.

Der Aufprall! Hart und weich zugleich.
Dann flog er plötzlich durch die Luft und landete auf einer Motorhaube. Um im nächsten Augenblick mit ausgebreiteten Armen über ein vorbeifahrendes Auto zu fliegen. Einen Moment lag er in einem graziösen Bogen an der Windschutzscheibe, die zu unzähligen Sternschnuppen zerbarst.
Kaputte Stoßstangen und Scheinwerfer. Es hörte sich an, wie wenn in einer Küche alle Schränke auf einmal zusammenkrachten.
Danach die Stille. Wie lange?
Die Autokörper glänzten wie gestrandete Muscheln in der Sonne. Zwei Münzen brachen mit allem und rollten über den Asphalt, jede in ihre Richtung. Sie zwinkerten mir zu, ehe sie in einem stinkenden Schleier von Abgasen verschwanden.
Allmählich wurde die Luft klarer. Ein Schild auf der anderen Straßenseite gab Auskunft darüber, daß man drei Paar Socken für das gleiche Geld erhalten könne, das ein Paar koste.
Die Menschen schwammen bereits zwischen den Autos. Mit furchtsamen, zögernden Bewegungen. Öffneten Türen und Fenster. Kamen von den Bürgersteigen, aus den Häusern. Wo kamen sie her? Hatten sie die ganze Zeit auf der Lauer gelegen? Gewartet? Gerade auf dieses Ereignis?
Ein Strom von Armen, Haaren und Gewändern. Münder öffneten und schlossen sich wie bei Fischen im Aquarium. In rhythmischer Bewegung hin zu dem Bündel im

Staub. Langsam wie in einem Film mit geringer Geschwindigkeit. Oder wie in einem Traum?

Zerschmettert? War das die Wahrheit? Plötzlich eines Tages: zerschmettert?

Er lag auf dem Bauch. Es sah so aus, als sei das Ganze ein Mißverständnis. Als habe er zum Spaß einen kleinen Schubs bekommen. Es sah fast friedlich aus. Seine rechte Hand ruhte auf einer Bananenschale. Der Arm war seltsam verrenkt und von frischem Rot durchtränkt. Der eine Fuß zeigte nach hinten in einem Winkel, den er niemals vorher gehabt hatte.

Ein paar Meter von meinem Tisch entfernt lag etwas, das kurz vorher eine Brille gewesen war.

Ich wollte von meinem Stuhl aufstehen und sie aufheben. Mich wenigstens auf den Tisch stützen, so daß ich irgendwie in Bewegung kam. Aber es erschien so sinnlos. Polizei und Krankenwagen waren unterwegs. Sirenen und Blaulicht. Autos, die starteten und wegfuhren. Stimmen und Rufe. Der Krankenwagen parkte auf dem Bürgersteig, knapp einen Meter von meinem Körper entfernt, und vier Männer sprangen heraus. Zwei von ihnen führten einen schnellen, rhythmischen Tanz auf, während sie eine Tragbahre durch die Luft warfen, als wäre sie ein zusammengefalteter Briefumschlag.

Ich war im Kino und sah den Film *Amadeus* auf großer Leinwand. Nah. Ein langsamer Zug von Menschen bewegte sich zu Mozarts *Requiem*. Die Menschen strömten von einem Ort außerhalb der Leinwand auf der linken

Seite. Wie ein Fluß. Nach rechts. Immer von links nach rechts.
Die Menschen flossen aus dem Bild. Arme und Beine waren wie hilflose Fangarme im Sonnenschein.
Nein, im Schein der Fackeln. Natürlich war es Nacht. Mit Fackeln! Die Schatten tanzten. Der sterbende Komponist stieg und sank, wie in brennendem Wasser.
Hoch über all dem schwebte die Musik.

Sie kamen mit ihm im Triumph. Bei den offenen Türen des Krankenwagens waren schon starke Arme bereit.
Sie hatten ihn zugedeckt. Nur das Gesicht war zu sehen. Ruhig schlafend. Verschlossen.
Aber saftige rote Perlen in verschiedener Größe tröpfelten im Takt auf das Pflaster. Die Flüssigkeitshaut versuchte, sich zu schließen, aber der Inhalt war zu schwer. Die Tropfen zitterten einen Augenblick, ehe sie sich sammelten und mir vor die Füße liefen.
Rot auf stahlgrauem Stein. Rot auf einer weißen Quittung für eine halbe Flasche Wein, die der Wind heruntergeweht hatte. Rot auf schwarzem Leder.
Es lief in den Rinnstein wie von einem zu nassen Aquarell.

Ein Polizist zog mich vom Stuhl hoch. Schob den Tisch und alles andere noch weiter auf dem Bürgersteig zurück, um Platz zu bekommen, und stieß die Neugierigen weg. Sie hatten ein Tuch fest um den Fuß des Mannes geknotet. Oder den Arm? Trotzdem tropfte es.

Falls es die ganze Zeit, seit das Unglück geschehen war, gleichmäßig getropft hatte, dann hatte er einige Liter Blut verloren.
Wieviel Liter enthält ein Menschenkörper? Ich wußte es nicht mehr. Es gehörte zu den Dingen, von denen ich geglaubt hatte, sie nicht behalten zu müssen. Jetzt mußte ich genau überlegen, wieviel Blut ein erwachsener Mann brauchte, um am Leben zu bleiben.
Die Großmutter war noch da.
»Er wollte das Verwesen beschleunigen.«
»Wollte? Das wollte er nicht. Ich habe gewinkt. Ich habe einen Mann dazu verleitet, bei Rot über die Straße zu gehen.«
»Du überbewertest deine eigene Bedeutung. Oder wie soll man es sonst nennen?«

Die Wut hat mich schon oft befähigt zu handeln. Oder vielleicht war es nur mein gewöhnliches Bedürfnis nach Hysterie, das mich veranlaßte, einen von den Weißgekleideten am Arm zu packen und in einer fremden Sprache zu sagen: »Ich bin seine Freundin, ich muß mitfahren!«
Er verstand nicht gleich, so daß ich es wiederholte, sehr schnell und sehr eindringlich. Schließlich nickte er und schubste mich vorne ins Auto.
»Du bekommst jetzt Schwierigkeiten. Aber das ist vielleicht der Zweck. Du hättest warten sollen, bis der Nachspann durchgelaufen war und das Licht wieder anging. Deine Mitwirkung ist sowieso zu Ende.«

Ich öffnete das Fenster, damit die Alte sich da draußen auflösen konnte. Dann atmete ich tief ein. Abgase.
Es gab mir eine qualmende Erinnerung an Blei, das hinten auf dem schwarzen Küchenofen geschmolzen wurde.

Blei? Ich war neun und goß Anker für meine Boote. Die Form war in eine halbe rohe Kartoffel geschnitten. Es zischte, wenn ich die glühend heiße Masse einfüllte.
Die Kartoffel wurde weiß und krümmte sich an der Schnittfläche. Ich verstand plötzlich, daß Kartoffeln etwas Lebendiges waren. In zwei Teile geschnitten und tätowiert mit einer Vertiefung.
Geruch von Blei. Der Geschmack im Mund, wenn ich mehr gelaufen war, als ich eigentlich konnte. Blut?

Der Fußboden war ein Schachbrett. Ich wurde zu einem Stuhl am Rand gewiesen. Die meisten Figuren, die sich auf dem Brett bewegten, waren weiß. Wir am Rand waren eine undefinierbare, aber einigermaßen statische Farbmasse.
Der Korridor hatte ein merkwürdiges Echo. Vermittelte mir das Gefühl, nur ein jämmerlich kleiner Teil des Ganzen zu sein. Als wäre ich nie etwas anderes als ein Teil von irgend jemandes Echo gewesen.

Ich saß auf einer Kiste am Fischereihafen.
Auch wenn die ganze Zeit eiskaltes Wasser über flinke Hände strömte und über den Zementboden platschte, auch wenn die ganze Zeit Fischinnereien, Abfall und

Blut fortgespült und weggefahren wurden, auch wenn das Salz über die Fässer gestreut wurde, auch wenn die Schleifsteine liefen und die Schubkarren und Spülwannen weiß angestrichen waren, auch wenn alle Ölzeugschürzen und bleiche, zerfurchte Gesichter hatten, während die Messer unter den Öllampen glänzten – so roch es doch unmißverständlich scharf.
Der Wettlauf zwischen Verwesung und Mensch.
Ein ewiges Metallgerassel von Türangeln, Kränen, Rädern und Messern trieb das Ganze Stunde um Stunde voran. Durch einen Dunst von Salzwasser, Schweiß und noch nicht geronnenem Blut.

Mir wurde bewußt, daß ich auf die Schwingtür direkt gegenüber starrte. Ärzte und Schwestern kamen und gingen. Sie machten ihre Schachzüge gegen uns, die wir da saßen und auf unser Schicksal warteten.
Dann verschwanden sie mit dem gleichen Ausdruck wie ein Bibliothekar, der gerade ein Buch an den richtigen Platz im Regal gestellt hat.
»Warum hat irgendeiner bestimmt, daß dieser Korridor ein Schachbrett sein soll? Wie viele verdrehte Hirne bestimmen, welche Szenerie die Welt haben soll?«
»Jetzt übertreibst du. Zu der Zeit, als dieser Boden verlegt wurde, war man sich nicht darüber im klaren, daß die Anhäufung von Quadraten verrückt wirken könnte.«
»Glaubst du, der zu Hause wußte, daß er sterben würde?«
»Schon möglich. Oder er benutzte die letzten Minuten, um jemandem vorzuwerfen, daß er krank war.«

»Aber die Vergebung, Großmutter. Falls er rief, ohne Kontakt zu bekommen?«

»Da war es zu spät.«

»Zu spät ...«

»Ja, man muß selbst dafür sorgen, daß es nicht zu spät wird. Dazu ist man da.«

»Was hast du gedacht, als es zu Ende ging?«

»Ach, daß ich gerne in die Frühlingsnacht hinausgegangen wäre und den Duft des jungen Laubes gerochen hätte. Nur noch einmal. Aber ich hatte genug Schamgefühl, um einzusehen, daß ich den Frühling schon öfter in meinem Leben übersehen hatte. Und ich hatte ein paarmal mit mir abgerechnet – rechtzeitig.«

»Ist es verrückt von mir, einen fremden Mann hierher zu begleiten?«

»Du wirst schon einen Grund haben.«

Eine Weißgekleidete kam zu mir und sagte leise etwas in der fremden Sprache. Ich verstand nicht alles. Schließlich zog sie mich vom Stuhl hoch und zerrte mich mit. Ich war eine verschluderte Lumpenpuppe. Direkt aus der Dachkammer der Kindheit, und auf dem Schachbrett hing ich am Arm der Weißgekleideten und versuchte, mit ihr Freundschaft zu schließen, indem ich sie mit meinen Wollfadenhaaren an der Wange kitzelte. Die Lumpenpuppe hatte Löcher im Kopf und schmutzige Leinenhände, die etwas hilflos hin- und herbaumelten. Es gab deutliche Anzeichen, daß harte Hände sie in eine Ecke geschleudert hatten.

Ich wurde auf einen Stuhl an einen Tisch gesetzt, und man hielt mir ein Glas mit lauwarmem Wasser an den Mund.
Eine Stakkato-Stimme versuchte, mir verständlich zu machen, daß mein Mann ernstlich verletzt sei. Und er sei noch immer bewußtlos. Die äußeren Verletzungen, durchschnittene Pulsadern und mehrere Brüche könnten geheilt werden. Das Problem sei der Kopf.
»Der Kopf hatte doch gar keine Schäden?«
»Scheinbar«, sagte die Weißgekleidete und sah diskret auf die Uhr.

So fing es an.
Ich wurde in einen kleinen Raum gesetzt und mußte ein Formular ausfüllen.
»Das schaffe ich nicht. Ich verstehe Formulare nicht mal in meiner eigenen Sprache.«
»Nun, es ist zu spät, um nicht zu verstehen.«
Ich sollte in diesem Frühjahr also eine Prüfung ablegen. Ich wurde über die Biographie eines Mannes geprüft, den ich nicht kannte und den ich ohne weiteres auf der Straße unter ein Auto gelockt hatte. Ein doppeltes Verbrechen.
In unzählige Spalten sollte ich Namen, Geburtsort und -datum plus eine Menge anderer Dinge schreiben.
Ich senkte den Kopf und spürte, wie mir der Schweiß ausbrach. Hörte bereits die metallische Stimme des Prüfers: »Nicht bestanden!«
Niemand konnte mir helfen, den Lebenslauf des Mannes

wiederzugeben. Er hatte sich einfach überfahren lassen, ohne Personalpapiere bei sich zu haben.

Sie merkten bestimmt, daß der Kandidat untauglich war. Jemand anderer kam dazu und versuchte, mich zur Zusammenarbeit zu überreden.

»Dies wird nicht einfach. Aber sogar der Teufel benutzt die Phantasie, wenn es nötig ist.«

Ich hatte eine Idee. Kritzelte seinen Namen hin und überreichte den Bogen.

»Amadeus was?« wollten sie wissen.

Da fing ich an zu schluchzen. Es ist unglaublich, was man mit Weinen erreichen kann. Wohlgemerkt, sofern der Empfänger der Tränen nicht bereits müde ist. Das schätzen Frauen manchmal falsch ein.

Diese hier hatte mich vorher noch nicht weinen sehen. Wußte nicht, was ich ertrug, und wußte somit nicht, wieviel Ärger ich bereiten konnte. Deshalb machte sie freundliche und pädagogische Augen.

Ich saß am ersten Schultag am Pult und hatte viele Zettel mit Buchstaben bekommen, die in einem Haufen vor mir lagen. Viele e und f, k und a. Eine Heerschar von s. Sie sollten zusammengehören und zuletzt einen Sinn ergeben.

Aber ich wußte, daß es falsch sein würde, welches Wort ich auch bildete. Sie würden mich ins Kittchen stecken, weil ich versuchte, die Identität eines Mannes zu fälschen.

Das Ende der ganzen Sache würde ein Gefängnis sein, das

nach Verwesung stank. Ich hörte das Gerassel, wenn die Wärter die Tür aufschlossen und trockenes Brot und einen Blechkrug mit Wasser hereinstießen.
»Wenn du jetzt entkommst und ein Taxi bis zum Flugplatz nimmst, kannst du das Flugzeug vielleicht noch erreichen.«
Ich sah das schneeweiße Gesicht des Mannes vor mir, als er zu Mozarts Totenmesse im Triumph zur Ambulanz geführt wurde. Die Kälte seines Gesichtes ließ mich erzittern.
»Frost!«
Ich schrieb es auf den Bogen: Amadeus Frost.
Er wurde in die Rubrik mit dem Zeichen des Krebses gesetzt und bekam eine Adresse, die es wirklich gab.
Ich glaubte, daß ich es geschafft hätte.
Aber da wollten sie wissen, wo er seinen Paß habe, in welchem Hotel er wohne usw.
»Greif zu deiner Hysterie, Mädchen!«
Es endete mit einer Tablette und noch mehr warmem Wasser. Die Lumpenpuppe wurde auf eine Pritsche gelegt.
Danach erzählte ich der geduldigen Helferin umständlich und unzusammenhängend, daß wir, der Mann und ich, uns leider schon im Flugzeug gestritten hätten. Er sei weggegangen. Bis er mich in dem Straßencafé gesehen, die Straße überquert habe und überfahren worden sei.
Zu meiner Verwunderung merkte ich, daß mich eine Lüge gerettet hatte – noch einmal.

Ich bekam ein belegtes Brot und schlechten Kaffee auf der Pritsche serviert.

»Großmutter, warum hat er das getan?«
»Es ist schnell passiert, daß man in den Verkehr läuft.«
»Der daheim wurde nicht überfahren.«
»Nein, er sorgte dafür, daß es andere waren.«
»Du nimmst das Unglück der Menschen nicht so schwer, Großmutter?«
»Ich bin davon befreit, anzuzeigen, in welchem Stadium ich mich befinde. Aber auch dir kann ein Unglück vielleicht etwas offenbaren.«
»Pseudopsychologie!«
»Du ähnelst wahrscheinlich deinem Vater mehr, als dir lieb ist.«
Ich starrte an die Wand.
»Er bestrafte auch immer andere, wenn er selbst sich unmöglich gemacht hatte.«
»Warum plagst du mich die ganze Zeit mit diesem Menschen? Er ruinierte nicht nur mein Leben, sondern auch ...«
»Das ist kein Grund für dich, sein schlechtes Benehmen nachzuahmen.«
»Glaubst du, ich müßte hassen, um zu überleben?«
»Haß ist auf die Dauer anstrengend. Man kommt kaum zu etwas anderem. Was du brauchst, ist die Konzentration auf etwas so Gewichtiges, daß du dich selbst vergißt.«

Gerade da holten sie mich. Ich durfte über das Schachbrett und ins Krankenzimmer hinein.
Als ich ihn sah, bemerkte ich sofort die Leere in dem ganzen Tableau. Ich war eine Figur, die auf eine andere eingepackte Figur starrte.
Er steckte in einem Kokon. War ich eine wartende Spinne?
Der eine Fuß war hochgezogen. Der rechte Arm in Gips und bandagiert. Aber der Kopf sah heil aus. Das Haar war silbrig dunkel. Das Gesicht bläulich und glatt mit geschlossenen Augen. Als wäre er bereits tot.
Das Zimmer war barmherzig sparsam beleuchtet. Der Schein der Lampe fiel auf ihn. Als ich ganz nahe an sein Bett trat, konnte ich die Adern auf den Augenlidern sehen.
Da stand ich und betrachtete einen bewußtlosen Menschen, der sich nicht verstecken konnte. So, wie ich gewöhnlich bei den Leuten durch die Fenster schaute, wenn ich spazierenging.
Es kam sogar vor, daß ich draußen vor den Fenstern stehenblieb und dachte: Ich werde sie in dieser Situation malen. Während sie mit halbabgewandtem Gesicht ihr ganzes Leben dem blauen Licht des Fernsehers weihen, ohne sich beobachtet zu fühlen. Wie verwöhnte Kinder im Zirkus. Gesichter, die Erwartung widerspiegeln, süßes Grauen, Langeweile, Melancholie und Gleichgültigkeit. Und ein seltenes Mal, falls die Nummer sie berührt, Einfühlung in Trauer und Freude. Immer mit dieser Distanz im Blick, die verrät, daß sie eine Zirkusvorstellung sehen.

Aber wenn ich nach Hause kam und versuchte, eine Skizze zu machen, wurde es nie das gleiche.
»Nimm den Skizzenblock!«
»Ich kann nicht.«
»Natürlich kannst du! Deswegen bist du doch hier.«

War dies das Motiv? Das mich von der Trauer befreien würde, daß ich keine Trauer empfand?
Eine Hand lag ausgebreitet auf der Decke. Lange Finger. Kräftiger Daumen. Selbst so wie er dalag, ganz still und mit geschlossenen Augen, war etwas Rastloses an ihm.
Ich setzte mich ans Bett.
»Du könntest jetzt einen Kohlestift nehmen.«
Ich streckte die Hand aus und legte sie auf seine Fingerspitzen. Sie waren kalt.
»Vielleicht braucht er mich dazu. Zum Sterben.«
»Der Tod hat Sympathie für dich. Da ist es natürlich, daß du ihn brauchst.«
Ich legte meine Hand auf die seine. Die Haut hatte noch eine Art klamme Wärme. Wie bei Neugeborenen. Er roch auch so. Etwas säuerlich, süß, fade und ein wenig frisch.
»So duftet das Bild diskreter Verwesung.«

Sein Bart wuchs. Er hatte bereits einen harten, dunklen Rahmen um sein Gesicht gebildet.
Ich mußte daran denken, daß er morgens vor irgendeinem Spiegel gestanden und sich rasiert hatte. Ohne daß ich es wußte.

Hatte er sich schon zu dem entschlossen, was passieren würde? Warum rasierte er sich dann?
Vielleicht hatte er sich auch gar nicht rasiert. Vielleicht hatte er keinen so kräftigen Bartwuchs. Es konnte mehr als vierundzwanzig Stunden her sein, daß er mit dem Rasiermesser über die Haut gefahren war, mit all den idiotischen Grimassen, zu denen Männer das Gesicht verziehen, wenn sie sich rasieren.
Ich hob die Hand und legte zwei Finger vorsichtig auf seine Wange. Es stach. Ich formte die Hand zu einer schützenden Schale und legte sie auf die ganze Wange. Den Mund. Es war mir immer noch nicht widerlich.
Der Unterschied zwischen stoppeliger Haut und Mund war erstaunlich. Ich streichelte sanft seine Hand. Die Augenlider vibrierten. Vielleicht war er nicht so bewußtlos, wie sie glaubten.
Am Hals arbeitete die Pulsader. Ein unruhiges Flimmern unter der Haut. Wahrscheinlich merkte er nichts. Trotzdem tanzte das neue Blut, das sie ihm gegeben hatten, durch seinen Körper. Das Gehirn gab noch Befehle.
Ich befand mich in einer erwartungsvollen, gehobenen Stimmung, in einer gewissen Sehnsucht. Nach Pinsel und Palette.
In diesem Augenblick geschah eine Veränderung mit ihm.
Der Atem, der bis dahin gleichmäßig durch seine Lippen geströmt war, kam nun in unregelmäßigen Stößen, und der Schweiß lief ihm vor Anstrengung über das ganze Gesicht.

Mit dem Gefühl, eine mechanische Einrichtung zu sein, klingelte ich, um Hilfe herbeizuholen.

Ich begriff, daß sie darüber diskutierten, ob sie ihn an einen Respirator anschließen sollten. Aber nach kurzer Zeit atmete er wieder gleichmäßiger.
Sie betrachteten mich mit freundlichem Mißtrauen und sagten, daß ich ihn weder beunruhigen sollte noch versuchen, ihn zu wecken.
Ich antwortete nicht.
»Du bist unhöflich und distanziert zu ihnen. Sie versuchen trotz allem, ihn am Leben zu erhalten. Du könntest dir ein Lächeln erlauben.«
»Ich bin erschöpft.«
»Du brauchst nicht hier zu sitzen und dich für einen Fremden zu verausgaben, wenn du kein Interesse daran hast.«
»Er ist wahrscheinlich ebenso einsam wie ich.«
»Gerade in seinem Zustand ist wohl die Einsamkeit nicht das dringendste Problem. Er wird sterben.«
»Sei still!«
»Der unmittelbare physische Tod ist ein seltenes Motiv. Du kannst schnell ein paar Skizzen anfertigen und dann morgen wiederkommen und das Finale miterleben.«
»Er zu Hause, glaubst du, daß er sofort starb?«
»Warum rufst du nicht an, wenn du es wissen willst?«
»Da stellen sie mir lauter Fragen. Zum Beispiel wann ich komme.«

»Na und? Eine Mutter sollte am ehesten eine ehrliche Antwort ertragen.«
»Und was sollte ich sagen?«
»Daß du den größten Teil deines Lebens gebraucht hast, um darüber hinwegzukommen, daß sie den falschen Vater für dich gewählt hat. Deshalb müssen andere sich der Leiche annehmen. Es ist nicht deine Aufgabe. Außerdem hast du etwas Interessanteres gefunden. Er ist wirklich malerisch!«
»Mir scheint, ich sehe sie. Die Moralisten. Die Gerechten. Diese Du-sollst-deine-Feinde-lieben und Du-sollst-deine-Mutter-und-deinen-Vater-ehren. Sie werden mich in den Höllenpfuhl werfen und alle anderen so weit beeinflussen, daß sie sich gegen mich wenden.«
»Na und? Schwäche und Nachgiebigkeit verursachen mehr Unglück als Schwert und Verrat!«

In einer seltsamen Stimmung von kontrollierter Wut nahm ich den Skizzenblock und die Schachtel mit den Kohlestiften heraus.
Der Mann hatte aufgehört zu schwitzen und atmete einigermaßen ruhig. Noch immer mit geschlossenen Augen. Großmutter verlangte Kontakt, und ich fand es nutzlos zu maulen.
»Das wirklich Schöne ist selten gut.«
»Du hast recht, Großmutter. Der Schmerz, zum Beispiel. Das Zerstörte? Das Bestialische? Das, was so schmerzlich ist, daß wir die Augen davor verschließen. Das, was jeden Zuschauer dazu bringt, sich umzudrehen. Wenn wir un-

seren eigenen Schmerz wiedererkennen, wehren wir uns vielleicht und kommen mit kategorischen Aussagen: Ich mag nicht, ich verstehe nicht, ich will das nicht haben, es ist häßlich, ekelhaft.«
»Du bist begabt, dir fehlt ein wenig Wagemut, um dich und andere über die Schwelle zu bringen.«
Der Kohlestift zeichnete die Bögen der Wangenknochen. Die tiefen Furchen. Die Hand auf dem Deckbett mit deutlichen Adern, wie unter einer dünnen Schicht Eis. Die schweren, großporigen Nasenflügel. Stahlgraue Bartstoppeln, die ihm zusammen mit den verfilzten Haaren einen Rahmen des Verfalls gaben. Und der Verletzlichkeit.
Die Schatten auf seiner Haut ließen mich an eine Winterlandschaft denken. Weich, mit einem matten Licht, ohne sichtbare Quelle. Nackt und gleichzeitig rätselhaft in dem gnadenlosen Realismus.
Ein winzig kleines Zucken in seinem Mundwinkel pflanzte sich bis in meine Hand fort. Daher glaubte ich, daß ich imstande war, die Landschaft des Schmerzes sichtbar zu machen. Wenn auch nur für die wenigen, die zu sehen vermochten.
Ich weiß nicht, wie lange ich dasaß. Vielleicht ein paar Stunden. Ab und zu kamen sie herein. Zuerst starrten sie ungläubig. Aber sie gewöhnten sich daran.

Das weiche Kratzen des Kohlestiftes auf dem Papier war das einzige, was geschah. Ja, und mein Lachen. Wie lange Seufzer aus dem Magen.

Ich machte einen Entwurf nach dem anderen. Nahm auch die Pastellstifte. Sie glühten. Die Winterlandschaft verwandelte sich.
Da passierte es! Er öffnete die Augen. Er sah mich an. Es war das erste Mal, daß jemand mich ansah. Schwarz und direkt, aber zugleich unendlich sanft.
Die Finger auf der Bettdecke bewegten sich. Als wollte er etwas sagen und versuchte zu gestikulieren.
Ich legte meine Zeichensachen weg und nahm seine Hand.
»Er lächelt! Das ist ein Lächeln.«
»Eher eine Grimasse, würde man vielleicht nüchtern sagen.«
Ich dachte an einen Säugling, der seine Eltern verwirrt, wenn sie mit erwartungsvollen Gesichtern auf die erste Spur eines Kontaktes warten und sich fragen: »Ein Lächeln? Oder Bauchgrimmen?«
»Der Schmerz?«
»Es ist jetzt vorüber.«
Großmutter war so nah.

Ich saß im Regen auf einem Koffer an einem Kai, weil Vater irgendwo hineingegangen war und Bekannte getroffen – und uns vergessen hatte.
Ein Emailleschild an der Wand des Lagerhauses machte Reklame für Tiedemanns Tabak. Ein Mann mit Bart und Südwester. Die Emaille war an der rechten Ecke abgeschlagen, die jetzt ganz verrostet war.
Als Vater zurückkam, trieften wir vor Nässe, und Mutters Gesicht war grau.

Später, während wir im Warteraum saßen und auf das Nachtschiff warteten, bekam ich Fieber.
Wir mußten uns in einer Pension ein Zimmer nehmen, obwohl wir uns das gar nicht leisten konnten. Es roch nach Moder und gebratenem Fisch.
Eine offensichtlich verärgerte Dame saß auf einem Podest hinter einer Theke und rief jemandem im Haus, den wir nicht sehen konnten, etwas zu.
Ich ging hinter Mutter, die den Koffer trug, die Treppe hinauf. Sie hatte Schweißtropfen im Gesicht und blieb stehen, um sich den Mantel auszuziehen. Ihre Bluse mit den roten Pünktchen war ganz naß unter den Armen.
Vater war bereits bei der Dame hinter der Theke angekommen. Er sprach von meinem Fieber, so daß es unmöglich sei, richtig Ferien zu machen.
Ich dachte, wenn ich groß bin, ist er ganz bestimmt tot. Es war das erste Mal, daß ich das dachte.
Als wir in das Zimmer kamen, stand da nur ein einziges schmales Bett. Vater schimpfte heftig mit Mutter, die aber nichts sagte, weil sie mir ins Bett half. Er war wütend, weil er meinte, sie sei schuld an meiner Erkältung. Ich zitterte fürchterlich bei jedem Wort, das er sagte. Denn seine Hände lagen wie Wackersteine auf den Bettpfosten.
Mutters Gesicht war ebenso weiß wie das Gesicht des einsamen Geistes in der Galerie. Aber das wußte ich damals noch nicht. Und die Bluse weinte rote Punkte auf mein Gesicht.

Man kann sich fragen, warum mir dieses Erlebnis gerade jetzt einfiel. Jahrelang hatte ich an solche Episoden nicht mehr gedacht. Denn ich wollte es nicht.
»Wir sprechen ein Gebet für ihn«, sagte Großmutter.
Ich faltete gehorsam die Hände, weil sie es gesagt hatte. Und weil ich nicht so allein sein wollte.
»Ich werde nie erfahren, wer er war.«
»Ein gutes Motiv hat immer Räume, in die niemand hineingelassen wird.«

Ich stand in Großmutters Garten und sah zu, wie sie arbeitete. Sie hatte ein so klares Profil. Ich konnte sie mit einem Stöckchen in den Sand zeichnen, und alle erkannten sie.
Dann und wann streckte sie den Rücken und schaute auf. Weit über den Wald und die Berge. Über das Meer. Da begriff ich, daß sie nicht die Natur betrachtete, sondern ihr Leben.
Sie war viele Jahre Witwe gewesen. Putzte bei den Leuten und nahm Familie und Verwandte in allen Ferien auf. Sie benutzten ihr Haus als Pension mit voller Verpflegung.
Ich konnte mich nicht erinnern, daß ich auch nur einen von diesen Verwandten irgend etwas für die Gemeinschaft habe mitbringen sehen.
Auch Vater nicht.
Jeden Sommer kamen alle ihre Brüder mit ihren Frauen und Kindern und Enkeln und deren Freunden und Bekannten. Sie hatte in ihrem eigenen Haus keinen Platz

mehr für sich. Deswegen mußte sie hinaus zum sibirischen Mohn, um den Rücken aufzurichten.

Ich blieb sitzen und berührte ihn eine Weile. Dann drückte ich auf den Knopf über dem Bett.
Zwei Schwestern kamen. Effektiv. Taten das, wozu sie da waren, ohne sich um mich zu kümmern. Fühlten den Puls. Schauten unter die geschlossenen Augenlider. Ließen das Bein wieder herunter und streckten ihn aus.
Sie wollten mich nicht mehr hier drinnen haben, wenn sie ihn wuschen und herrichteten, aber ich war störrisch. Nachdem sie sich murmelnd eine Zeitlang zurückgezogen hatten, kamen sie mit neuer Tatkraft zurück.
Dann begann ein eiskaltes, aber technisch vollkommenes Spiel mit zwei geübten Krankenschwestern und einem toten Körper. Routine und Ordnung wurden bis ins kleinste Detail befolgt.
Ihr Vorhaben bestand darin, einen Körper völlig nackt auszuziehen, nachdem der Tod eingetreten war. Während der Körper noch warm und gefügig war.
Ein letztes Reinigungsritual. Nicht aus Liebe und Fürsorge, vielleicht nicht einmal aus Respekt vor dem Toten. Sie hatten die Routine bei solchen Anlässen gelernt. Die toten Körper zu reinigen.
Und ich? War ich ein Aasgeier?

Ich sehnte mich nach dem schmuddeligen, riesigen Hotelzimmer mit den zwei großen Fenstern. Sehnte mich nach dem blendendweißen Licht. Nach dem Terpentin.

Die Blautöne zu mischen. Für die Nasenflügel. Zartes Rosa mit grauem Zusatz um die Augenhöhlen. Nicht zuviel Grau. Kein Gelb. Lieber Braun. In den Furchen bei den Mundwinkeln.
Langsam packte ich die Zeichensachen ein. Dann beugte ich mich herunter und legte mein Gesicht dicht an das des Mannes. Nur einen Augenblick.

Die Berührung, wie wenn man aus einem Gebirgsbach trinkt, ehe man mit einem metallischen Geschmack im Mund weitergeht. Nach Erde und Eis, nach toten Pflanzenresten im Moor. Verwandelt zu frischem Wasser.
Und dazwischen?

Der Augenblick? Der dämmernde Tag vor dem Fenster. Ein Nichts. Ein beginnendes Alles.
Großmutter war da.
»Erinnere mich daran, wenn ich es vergesse! Wie sie trifft – die Freude, die Trauer, die Liebe. Die Unvernunft. Die Bosheit!«
»Wie ein Bumerang. Die Kraft – oder der Schlag, der immer zurückkehrt.«